ここが知りたい
キリスト教への25の質問

百瀬文晃

女子パウロ会

目次

ここが知りたい　キリスト教への25の質問

❖キリスト教の教えに関する質問

まえがき

この書のもとになったものは、かつてキリスト教放送局日本ＦＥＢＣによせられた質問の中から、毎週一つを半年にわたって取りあげた「神父さま、こんなこと聞いてもいいですか？」と題する番組です。この番組は、著者がパーソナリティの吉崎恵子さんと対話する形で進めたのですが、スタジオのかなたにおられるリスナーの方々に思いを馳せるとき、ぜひともお伝えしたいという熱い思いに駆られることが何度もありました。読者の皆さまにもご一緒に考えていただければさいわいです。

いちおう、㈠キリスト教の姿勢に関する質問、㈡心の悩みに関する質問、㈢個人の信仰に関する質問、㈣キリスト教の教えに関する質問、という四部に分けましたが、もともと順不同の質問にお答えし、それに関連する事柄を取りあげたものですから、どうぞ順番にこだわらず、興味あるテーマからお読みください。

キリスト教の姿勢に関する質問

1　なぜキリスト教だけ？

質問　宗教も悪くはないと思うのですが、「キリスト教だけに救いがある」と言われると、もう、ついていけない、と思ってしまいます。なぜそんな了見の狭い考え方なのでしょう？　一神教はみんなそうなのでしょうか。「一神教がテロとか戦争を支持している」と聞きますし、もっと広い心をもったらいいのに、と思います。

キリスト教だけに救い？

百瀬　さあ、どのようにお答えすればよいでしょうか。質問された方は、「キリスト教だけに救いがある」と言われたそうですが、ちょっとした誤解もあるようですね。

キリスト教以外の宗教にもすばらしい伝統がありますし、すばらしい信仰者、深い愛の心をもった方々や、温かく思いやりのある方々がいらっしゃいます。

むしろ私たちキリスト者が信じているのは、愛のあるところ、そこに神さまがいらっしゃる、ということです。つまり、ほんとうに愛の心をもっている人は神さまを知っている。逆に、自分は神さまを知っていると主張していても、もし愛の心をもっていなかったら、その人は神さまを知っていることにはなりません。

もっともキリスト教の歴史を振り返りますと、「教会外に救いはない」と言っていた時代があったのは確かです。どうしてそのようなことが言われたかと言えば、それには時代背景があります。古代教会ではキリスト者がしばしば迫害されて、信仰を放棄する人たちも出てきました。そういう危機の状況で、教会の指導者たちは信者に、「教会にとどまりなさい。教会の外には救いはないですよ」と言って励ましました。それはちょうど海水浴場にいって、子どもたちにロープの外にいかないように、先生が「ここから出たら危ないよ、サメがウヨウヨいるよ」と言うようなものです。実はサメなどいません。でも、この範囲の中に子どもたちをとどまらせようと思って、外へ出ると危ない、と言うわけです。

同じように、いろいろな異端が起こったり、教会が分裂しかけたときに、信者たちを教会にとどまらせるために、「教会外に救いはない」と言われた時代があります。そういう言葉は時代の文脈の中で理解すべきなのですが、ときどき言葉だけが一人歩きをして、それが誤解されてしまうのです。

私が所属するカトリック教会では、今からもう六十年も前になりますが、世界の教会の代表者たちが集まって、「第二バチカン公会議」というものが開かれました。キリスト教の信仰を現代に合った形で世に伝えるという意向をもって、さまざまな文書を発表したのですが、その中に『教会憲章』というものがあります。教会とは何か、教会はこの世界に対してどのような使命をもっているか、ということをうたった文書です。この中で、人はたとえキリストを知らなくても、自分の心にささやく良心の声に忠実に従っている限り救われる、ということをはっきり宣言しています。キリスト教だけに救いがある、というような考え方はしていません。

それぞれの宗教を通して

百瀬　むしろキリスト教の立場からは、次のように言ってよいと思います。神さまは一人ひとりの人間を創造され、ご自分のいのちにあずからせようと望んでいらっしゃる、つまり、すべての人の救いを望んでいらっしゃいます。そのために神さまはイエス・キリストを世にお遣わしになった、と私たちは信じています。

イエス・キリストは神の招き、救いへの招きをもっとも身近な形で、もっともはっきりした形で世界にもたらしてくださった方であって、私たちはイエス・キリストの福音を聞いて、もっとも直接的な形で神さまに近づくことができる、と信じています。「主イエス・キリスト」という言葉で私たちが信仰するのは、このイエスに出会うことを通して私たちがほんとうに神さまに出会うこと、そしてイエスと交わることを通して神さまとの交わりをいただくことです。

世界の歴史の中には、イエス・キリストが登場する以前にもたくさんの人が生きて、死んでいったのですし、また、イエス・キリストの登場以後、今日に至るまで二千年のあいだ、またこれからの将来も、イエス・キリストに出会うことなく生きている人たちは無数にいるのですが、神さまはこの人たちをもお造りになった方です。その人たちはイエス・キリストを直接に知ることはないかもしれないけれど、自分の心の中に神さまのささやきかけを聞いて、それに従おうとして生きているのです。だからこそ、世の中にいろんな宗教が生まれてきますし、神さまを真剣に求める人たちが出てくるわけです。私たちはその人たちがそれぞれの宗教、それぞれの信念を通して、神さまの救いに達することができる、と信じています。

吉崎　実は私も、自分の親しい友人に熱心な仏教徒がいるのですが、彼女と接しているときには、「ああ、この人も神さまに愛されている」、といつも感じています。彼女に、「あなたのために祈っているわね」と言うと、彼女はまた彼女の信仰で私のために祈っている、と言うのですね。そういう人が身近にいるので、この人も神さまに愛されていると信じて、受けいれることができるのです。

　教会の中にも、意地悪な人がいたり、いじめをする人がいたりする反面、教会の外にも、すばらしい愛をもっている人がいるのは確かです。

　でも、たとえば使徒言行録でペトロが語る「ほかのだれによっても、救いは得られません」（4・12）という言葉とか、あるいはローマの信徒への手紙でパウロが書く「律法を実行することによっては、だれ一人神の前で義とされない」（3・20）という言葉などを読むと、どのように折り合いがつくのか、わからなくなってしまうのですが……。

キリストとの出会い

百瀬　そのペトロの説教も、やはり文脈によって解釈すべきでしょう。ペトロも彼の説教を聞いている人々も、ユダヤ教の信仰に生きていた人たちです。その信仰は決して間違っていないけれど、しかしイエスはこれを新しい形で私たちに教え、ユダヤ教が歩んできた道を新しい視点から見直したわけですね。それを強調するときに、「ほかのだれによっても、救いは得られません」と言ったのだと思います。

　それから、この使徒言行録を書いている人はルカです。ルカはギリシア人で、いろんな人生の変遷を経てキリストに帰依した人です。その人が、イエス・キリストこそ自分の救いだ、という確信をもって書くわけですね。これが書かれたのは八十年以降で、キリスト教への迫害があって、すでにペトロが殉教した後の時代です。その状況の中で、イエス・キリストへの信仰こそほんとうに神さまに至る道だ、ということを強調するために、こういう言葉を述べているのではないでしょうか。

ですから、その言葉から、他の宗教には救いがない、というような普遍的な教義の命題を読みとってはいけない。むしろ、キリストにこそ自分の拠《よ》りどころがあるのだという、救いの道を見つけた人の喜びとか、信仰告白を見なくてはいけないと思います。

吉崎　「信仰告白」なのですね。そうすると、キリスト教でなくてもいいものを、たまたま私は信じた、ということなのでしょうか。

百瀬　いや、そう言えば、どんな宗教でも同じ、ということになってしまうでしょう。ただ、人間というものは、いわば偶然のようにここに生まれて、この特定の時代に生きていて、特定の人々と接しているわけですね。そして、一人の人間は決してすべての宗教、すべての偉大な思想を勉強し尽くして、その後で「これがいいから、信じます」と言うようなことはしませんよね。

私たちはたまたま自分の人生の歩みの中でキリストに出会って、その方の呼びかけ、その方の教えに心引かれて、これを信じよう、と思ったわけです。ひょっとしたら、私がキリストのことをぜんぜん知らなくて、すばらしい仏教のお坊さんに出会っていたら、私は仏教徒になっていたかもしれません。

ですから、私はこういうふうに、まるで偶然のようにイエス・キリストを信じるようになって、そこにほんとうに自分の生きがいを見いだしているから、これを頼りに生きよう、と思っているわけですね。その後いろいろ勉強をして、他の宗教も多少は知っているつもりですけど、今の自分が確信しているのは、イエス・キリストこそもっとも直接的な形で神さまを仲介してくださる方だ、私はイエスを知ることを通して神さまに出会うのだ、ということです。

吉崎　私もそういったご質問をいただくときに、たとえば、男の方だったら、世界に半分は女の人だけれども、だれかと結婚するときに、「この人」と思って結婚するのであって、「他の女性がみんな駄目だ」というわけではない、「この人に出会った」と感じるのです、と言うのですね。私自身は主イエスさまが、私の想像をはるかに超えた仕方で私を訪れてくださって、私の内に住んでくださって、私はイエスさまのものとされたということを、言葉では言えないできごととして経験したので、ほかに迷いがないのですけれども。

ときどき放送局に寄せられるお手紙には、「キリスト教の家庭に生まれた人はうらやましいです。私はキリスト教となんの縁もなくて、今でもキリスト教はなかなか縁遠く感じられます。自分は選ばれていないのでしょうか」というような、そんな悲しみを訴えてこられる方もいらっしゃるのですね。

百瀬　でも、一人ひとりを神さまが導いてくださっている、と私は思います。どの人間も神さまによって造られて、神さまによってそのいのちにあずかるように招かれています。だから、どこで、いつ、どんな仕方で、と言うことはできないけれど、自分にささやきかけている神さまの呼びかけにまじめに応えている限り、そして純粋な心で追い求めている限り、必ず神さまはその人にご自分を現してくださる。ですから、あまり心配しなくてもいいと思います。その人は必ず神さまに出会うと思います。

一神教は不寛容？

百瀬　ただ、このご質問でも言われているように、狭い考え方、いわゆる原理主義に陥ってはいけないと思います。原理主義というのは、自分の宗教の教典や教義の文言を絶対視してしまって、他の理解の仕方に心を閉ざしてしまう、ほかの解釈や考え方をすべて断罪してしまう態度ですね。これはキリスト教だけではなくて、ほかの宗教にもあります。

ご質問では、一神教がテロや戦争を支持していると聞く、とおっしゃっているのですけど、むしろ原理主義が、と言った方がよいと思います。ときどき宗教学者の中には、「一神教は不寛容で、その不寛容さから聖戦と称して戦争を起こすまでに至る」、というようなことを言う人がいるのですけれども、それは違うでしょう。

歴史を調べたら、一神教でなくとも、不寛容な宗教はたくさんあるのですね。それから戦争を起こすと言うのも、宗教はときどき利用されて、政治家たち、権力者たちが宗教を使って民衆を動かして、攻撃や暴力を正当化することがあります。でも、それは一神教だから、というのではなくて、むしろ原理主義、他の考え方に心を閉ざして自分の信念だけが絶対に正しい、という考え方からくるのだと思います。

大切なことは、自分の考えや信仰を唯一絶対と考えるのではなくて、絶えず心を開いている、ということです。神さまのささやき、心の中に語りかける神さまの語りかけに心を開いて、耳を傾けること、これがいちばん大切だと思います。神さまは、一人ひとりの心にご自分への憧れのようなものを植えつけていらっしゃるのですね。ですから、どの人間も自分を超える存在、自分を包んでくださる存在、自分を招いてくださっている存在、自分を受けとめてくださる存在、そういうものを慕い求めています。そこから、人への思いやりとか、感謝の心というものが生まれてきます。私たちはそれを大切にして、愛のあるところに神がある、ほんとうの人間の救いは愛に目覚めてそれに応えることだ、ということをもう一度思い起こしたいと思います。

2 神に依存したくない

質問 神さまは、いると思いますし、そういう尊いものを大切にする生き方もすばらしいとは思います。でも、私には私の生き方がありますから、やっぱり神さまでもなんでも、どっぷり依存するのではなく、ほどほどの距離をもつのがいいのではないでしょうか。カルト宗教がはやっているのを見聞きすると、余計にそう思います。

百瀬 これは、たぶん日本人に典型的なご質問ですね。漠然と神さまの存在を信じる。しかし、特定の宗教にはかかわりたくない。あちこちで流行しているカルト宗教を見て、うっかりかかわりあうと大変なことになる、という態度です。人間の生き方と信仰について、ご一緒に考えてみましょう。

人間のほんとうの幸せはどこに？

百瀬　まず、人間のほんとうの幸せはどこにあるか、ということから始めましょう。「神さまの存在は信じるけれども、あまり深入りしないで、ほどほどの距離を保とう」と言う人は、ほんとうに幸せなのでしょうか。人間の生きる意味を見いだしているのでしょうか。

古代の偉大な思想家アウグスティヌスは、その『告白録』の始めに言っています。「神よ、あなたは私たちをあなたに向けてお造りになった。だから私の心は、あなたの中に安らぐまでは安らぐことを知らない」。神さまは、一人ひとりの人間をお造りになって、一人ひとりの心にご自分に向かう「憧れ」のようなものを植えつけられました。だから、人間は、神さまに目覚めて、神さまに向かって生きない限り、ほんとうの幸せは見いだせない、ということですね。

もちろん、私たちは自分の生きがいの目標を設定し、それに向かって励むことはできるでしょう。仕事に成功し、業績をあげること、社会的な地位を獲得すること、与えられている能力や興味をフルに開花させること、それは少なくとも一時的には自分を満足させるし、人のためにも社会のためにも役立つかもしれません。けれども、それを自分の生きる目的そのものとすることができるでしょうか。それがはたして、ほんとうに心を満たすものなのでしょうか。

この世界のすべてのものは過ぎ去っていきます。どのような業績も、どのような地位も、いつかは過ぎ去っていきます。私たちの健康も、能力も、なし遂げた社会への貢献も、すべて過ぎ去っていくのです。「これこそ大切だ」と思ってしがみついていたものが、何かの機会に失われたとき、そのとき初めて気づきます。「こんなはずではなかった」と。

私たちは、そもそも人間がそのために造られた真の目的、それを目指して生きるべきであって、これをなおざりにしたら、いつか破綻するのではないでしょうか。そのときには闇と失望しか残りません。現在の日本の社会で、毎年約三万人の自殺者がいるということも、それを物語っていると思います。

神さまに目覚め、神さまに向かって生きることは、決して単に特定の人たちの興味や関心というものではなくて、およそ人間の本質にかかわることです。それをするかしないかが、その人のほんとうの幸せを左右し、人間であることの意味そのものを決定してしまうと思います。

人間は弱いもの

百瀬 そして、もう一つは、はたして人間は自分の力だけで神さまに向かうことができるか、ということです。

このご質問をなさった方は、「私の生き方があります」とおっしゃいます。きっと若くて、健康で、能力のある方なのでしょう。仕事にも成功している方なのでしょう。それは、まことに結構なことだとは思います。けれども人間は弱いものです。突然の病に倒れることもあれば、仕事で行きづまったり、人に裏切られたり、傷つけられたりすることもあります。この世の中に、どれほど多くの人が失望し、自分の生きる目標を見失っていることか。どれほど多くの人が、人間関係で悩み、互いにいがみあっていることか。愛に飢え、ほんとうに人を愛したいと願いながらも、孤独と無気力の中に沈んでいることか。これも現実です。

そして、どの人間もいつかは死を迎えます。いつ、どのような死に方をするかは、わかりません。しかし、死ぬときには、それまで築いてきたすべてのこと、すべての人間関係に別れを告げなくてはなりません。死の現実を直視するとき、どれほど多くの人が自分の無力さを感じ、世界のはかなさを感じ、自信を失ってしまうことでしょう。それを考えると、「自分には自分の生き方があります」と、自信をもって言うことができるでしょうか。強い意志をもって自分の生き方を最後まで貫いていける人、自分の人生の意味を自分で獲得できる人が、どのくらいいるでしょうか。

これに対してキリスト教の信仰は、私たちが真摯に神さまを求めるときに、神さまが導いてくださるということ、神さまがそのような闇の中に光を与え、試練に耐える力を与えてくださるということを信じています。むしろ、神さまご自身が、私たちのことをいちばん心配していらして、私たちの重荷を一緒に背負ってくださっている、ということを信じています。

「私には私の生き方があります」と言う人は、あたかも交通の激しい交差点を渡っていく小さい子のようです。どんどん道に飛び出していこうとする。そのとき、親は「待ちなさい、待ちなさい」と言って、その子の手を取って渡ります。そのように、神さまは私たち一人ひとりのことを心配していらっしゃるのです。

私が住んでいる所の近くに幼稚園があるのですが、坂道なのですね。子どもたちは元気で、親が迎えにくると、親に向かってどんどん坂を駆けおりるのです。親は「待って、待って」と叫びます。というのは、子どもは頭が重たいから、坂を走っていると足がついていかず、転んでしまうことがよくあるからです。そうすると下はコンクリートで、転んでワーンと泣いて、ときには怪我《けが》をするのを、もう何度か見ました。だから親は心配なわけです。

若い人たちが「私には私の生き方があります」と言うときに、こんな感じがするのです。「それはいいけど……ほんとうに人生のことがわかっているのかな」と、私は思ってしまうのです。神さまは私たちの歩みを心配していらして、導こうとしていらっしゃるから、その神さまに目覚めること、神さまの導きに従っていくこと、そのほうが賢明ではないでしょうか。

一緒に成長する共同体

百瀬　さて、特定の宗教に深入りしたくないというお気持ちは、よくわかります。キリスト教の教会でも、いちばんトラブルの多いのは人間関係だからです。ただ、次のことも考えなければならないでしょう。

もし主イエス・キリストを信じるなら、「イエスは好きだけれども、教会はいやだ」とは言えないはずです。というのは、イエスが説いた神の国の福音は「神の民」に向けて呼びかけたものだったからです。神の国とは、自分一人だけで救われることではなく、他の兄弟姉妹と一緒に救われて、皆で一緒に神の家族を作ることです。そして、イエスを通して神さまを見いだした者は、その喜びを他の人にも伝えるはずです。イエスはそのために弟子たちを派遣して宣教させ、弟子たちを中心に教会が生まれました。

ほんとうに神さまに出会ったならば、心からの喜びを見いだすし、その喜びを他の人と分かちあいたくなるでしょう。また、人との交わりの中でこそ、自分の偏りや狭さに気づかされ、自分の知らなかった知識や信仰生活の具体的な方法を学ぶものです。こうして、他の兄弟姉妹たちと一緒に信仰と愛に成長します。神さまは弱い私たちが互いに助けあい、支えあって、より一層成長することを望んでおられるからです。

この方はカルト宗教のことを警戒なさっているのですが、もちろん、人の弱みにつけこみ、利用する、いかがわしい宗教に注意すべきことは言うまでもありません。カルト宗教は、だれかが宗教的な憧れをもっていると、それをたくみに使って、引きこもうとするのですね。若い人が故郷を離れて都会に出てきたときとか、友だちがいなくて寂しく思っているときとか、初めは親切に、やさしく声をかけて、彼らのグループに誘います。ひとたびグループに加わると、しだいに情報を操作して、家族や友人から隔離させ、教祖に絶対的に帰依するまでにマインド・コントロールをするのが常套手段です。

ここで、しっかりした判断力を身につけていることが大切ですね。どの宗教であれ、もし神さまに向かう信仰が本物だったら、それが人間に生きる喜びを与えるし、信じることを通して人はますます自由になっていくはずです。何かに捕らわれるのではなくて、自分が自由と喜びをもって、人に対しても心が開かれ、心おきなく自分の考えを人と分かちあうことができて、人を思いやることができて、勇気をもって困難に耐えることができる。これは、その信仰が本物かどうかを見分ける一つのしるしになると思います。

吉崎　カルト宗教という話をうかがいながら思うのですが、ときどきいただくお手紙では、カルト宗教から脱会して教会に来た後で、あのカルト宗教の方が人々の交わりとか、よっぽど温かくて、自分を支えてくれるものがあったのに、教会に来たら冷たくて、自分は孤立してしまって、あの頃が懐かしい、とおっしゃる方もあるのですね。私はそれをうかがうと、ほんとうに胸が痛んで、これが現実かしら、と思ったりもします。

百瀬　それは、教会の共同体が弱い罪びとの集まりだからで、まことに申しわけないと思います。そもそもイエスの説いた福音は神さまの愛と私たち相互の愛なのですから、キリスト者は福音により一層ふさわしく生きるように努めるはずです。教会を訪ねてきた孤独の人を冷たくあしらうとしたら、それは主イエスの望まれた教会の姿ではありません。

ただ、理屈ではわかっていても、実際にはなかなか難しいのが現実ですね。私自身、もう長らく地方の教会で司祭として勤めていますが、どのようにすれば教会の共同体が自分だけの小さな世界に閉じこもっていないで、外に向かって開かれたものになるか、世の人々に語りかけ、一緒に勉強し、一緒に活動することができるかと、いつも考えさせられます。人間の習性として、ひとたび好きな仲間ができて、その交わりを楽しむようになると、他の見知らぬ人がとつぜん現れたら、すぐには受けいれられないかもしれません。しかし、教会は、趣味のサークルとかサロンではありません。教会は、主キリストによって呼び集められ、主キリストとともに「世の光、地の塩」として働く者の共同体です。ですから、私たちは絶えず自分自身を振り返り、真に主キリストと結ばれているか、主キリストとともに考え、行動しているかを、祈りの中で考えることが大切だと思います。

神への信頼と自分の責任

吉崎　ところで、「私には私の生き方があります」という質問をいただくとき、私がいつも思い起こすのは、私の親しい友人のご主人のことです。この方もやはり、自分は自分の生き方でやっていくのだということを、いつもおっしゃいます。自分のことは自分で責任を取る、という強い意志をおもちで、自分の振る舞いの結果、よいことも悪いことも刈り取るのは自分だから、その責任は自分で負わなければならない。たとえ失敗しても、その責任は自分で取って、自分のこととして担っていくのだ、というお気持ちではないかと思うのです。

他方では、こちらに寄せられるお手紙で、クリスチャンは「神さまに委ねる」とか、「すべては神さまのおぼしめし、神さまの摂理だ」と言って、みんな神さまのせいにして、自分の責任はどこにいってしまうのか、というような批判的なご質問もいただきます。ぜんぶ神さまのご意志どおりに運ぶのでしたら、けっきょくは私たちの意志も責任も意味がなくなってしまわないでしょうか。

百瀬　これについて、すぐれた霊性の指導者の一人ロヨラのイグナチオが言った言葉があります。「神に信頼するときには、あたかも神が存在せず、自分一人でしなければならないかのように信頼すること。逆に、仕事に取り組むときには、あたかも自分には何もできず、神がすべてを導いてくださるかのように取り組むこと」。少し回りくどい言い方ですが、つまり、神さまへのほんとうの意味の信頼とは、まず私たちが自分ですべてをやるつもりで努力するのだけれども、その責任と努力を神さまが支えてくださっていることを信じて安んじている、ということです。

まじめで責任感が強い人には、何でも自分がしなくてはいけないと思ってあくせくして、失敗すると傷ついて、落ちこんでしまう人がいます。そういう人には、「あんまり心配しなくてもいいですよ。神さまがきっとよくしてくださいますよ」と言ってあげるのがよいかもしれません。私が子どものとき、試験があって、夜遅くまで勉強していると、母が「もういいから寝なさい、あとは神さまにお任せしなさい」と言って、私の心配とか努力にブレーキをかけるのが常でした。やりすぎる人、がんばりすぎて、神さまのことなど忘れてしまっている人には、私たちの必要のすべてをご存じの神さまに信頼する、ということを思い出させることが大事だと思います。

吉崎　私も自分の父親や母親が亡くなった後、残された者たちで一緒に集まるときなどに思うのですけど、人間は名誉やお金を追い求めたり、たとえだれかのために福祉や慈善などを一生懸命やったとしても、最終的には、それが人を支えるのではないのだ、ということをほんとうに実感させられるのですね。

百瀬　その意味で、神さまを知っている人はどんな困難にもめげない強さをもっている、と言うこともできると思います。

3 洗礼ってそんなに大切？

質問 私はまだ洗礼を受けていないのですが、心からイエスさまを信じているし、教会へも毎週通っています。説教でも心動かされ、奉仕も積極的にしているつもりです。牧師から、そろそろ洗礼を受けませんかと言われますが、なぜ、洗礼という形式がそんなに大事なのでしょうか。洗礼を受けないと、私の信仰はやっぱり不完全なのでしょうか。

百瀬 教会に通って、勉強もなさっているけれども、まだ洗礼を受ける決心がつかない、という状況の方ですね。自分が信仰をもって神さまとかかわっているのに、どうして洗礼がそんなに大切なのかというご質問です。ご一緒に考えてみましょう。

洗礼の意味は？

百瀬　確かに洗礼は、ただ外的な儀礼として見れば、一つの信仰の表現にすぎないと思われるかもしれません。しかし、実は洗礼は、イエス・キリストへの信仰にとって本質的なことなのですね。イエスの弟子たちは、イエスの復活というできごとを経験した後、イエスこそ神さまが遣わされた主キリストなのだと確信するようになり、この信仰を人々に宣《の》べ伝え始めました。その様子が使徒言行録に描かれています。ペトロの説教に心打たれた人々が、「わたしたちはどうしたらよいのですか」と尋ねたとき、ペトロは答えます。「悔い改めなさい。めいめい、イエス・キリストの名によって洗礼を受け、罪を赦《ゆる》していただきなさい。そうすれば、賜物として聖霊を受けます」（使2・37－38）。つまり、洗礼はイエス・キリストへの信仰を公に告白して、神の子としてのいのちをいただいて、新しい生き方をすることです。

もともと洗礼の儀礼そのものは、キリスト教の発明ではなく、すでにユダヤ教で行なわれていました。それは、水の中に身を沈めて、罪から清められ、新しい神のいのちをいただくということを表現する宗教儀礼でした。洗礼者ヨハネが、いわゆる「洗礼運動」を興したことは、よく知られています。イエス自身も、ヨハネから洗礼を受けました。だから、イエスの弟子たちが、イエス・キリストへの信仰を告白した人々を自分たちの共同体に受けいれるために、加入の儀礼として洗礼を授けたのは、ごく自然な成り行きだったでしょう。

ただ、洗礼者ヨハネが授けていた洗礼とは違って、キリスト教の洗礼は同じ形を踏襲しながらも、それに新しい意味を与えるものです。キリスト教の洗礼は、水の中に沈められるという同じシンボルを通して、イエス・キリストの死と復活に参与する、という意味をもっています。

これについては、パウロがローマの信徒への手紙で述べています。「それともあなたがたは知らないのですか。キリスト・イエスに結ばれるために洗礼を受けたわたしたちが皆、またその死にあずかるために洗礼を受けたことを。わたしたちは洗礼によってキリストとともに葬られ、その死にあずかるものとなりました。それは、キリストが御父の栄光によって死者の中から復活させられたように、わたしたちも新しいいのちに生きるためなのです」（6・3－4）。

つまり、洗礼を受ける者は、イエスとともに古い自分に死んで、それまで犯したあらゆる罪を赦され、新しく神の子のいのちをいただき、イエス・キリストとともに神の子らの交わりに生きるようになります。

これは人間にとって新しく生まれることであり、また教会の一員になることでもあります。単に形式的な儀礼とか、自分の信仰の一つの表現にすぎないのではなく、人生にとって決定的なできごとですね。ですから、イエス・キリストの福音を受けいれ、イエス・キリストに従って生きようと思う人が洗礼を受けるのは、とうぜんのことでしょう。

洗礼の決断と時機

百瀬 ただ、洗礼を受けるかどうかは、あくまでも一人ひとりが神さまの前で、神さまの呼びかけを聞いて決断すべきものではないでしょうか。他の人が強制することはできません。その人の心に語りかけるのは、神さまご自身です。そして、神さまがいつその人に呼びかけられるのか、その時機は一人ひとり違います。たぶん牧師さんがそろそろ洗礼を受けませんかとお勧めになったのは、その人が心の中に十分な信仰を宿していて、その時が熟しているのではないか、その決断のためのきっかけを作ってあげよう、と思われたのでしょう。

他方では、聖書をよく勉強したから、教会へも足しげく通ったからといって、洗礼を受ける資格があるというわけではありません。洗礼は神さまからの無償の恵みであって、資格などは、もともとだれにもないのですね。逆に、自分はまだ十分に勉強していないとか、まだよくわかっていないとか言う人もいますけれども、私に言わせれば、自分の心の中にキリストに従って生きたいというまじめな望みがあれば、それはもう神さまが招いてくださっている一つのしるしだと思うのです。

しかし、洗礼を受けてキリスト者になるということは、音楽を習うとか、踊りを習うとか、何かの趣味や習い事を新しく始めるのとはぜんぜん違います。むしろ自分の人生をそれに賭けるということです。洗礼は、人間にとって心のいちばん奥底の決断であり、まったく新しい生き方をするということです。

これは、ただ単に個人の問題ではありませんから、やはりご家族にも了承を得ておいたらよいと思います。結婚している方でしたら、自分の配偶者にはそのことを話して、たとえ積極的に理解してもらい、後押ししてもらうことが難しいとしても、少なくとも認めてもらうこと、少なくとも本人の決意を尊重して、了承してもらうことが必要だと思います。

もちろん、現代ではいろいろな新興宗教がはやっていて、カルトなどに引きこまれて、洗脳されてしまう人も少なくないですから、洗礼を受けると言いだしたら、家族が心配なさるのがとうぜんです。家族に黙って、あるいは家族の意志に反して自分が教会に行くというのは、私はあんまり賢明でないと思います。自分の心の問題をきちんと話して、わかっていただくということが大切でしょう。そして、もし了承してもらって洗礼を受けて、もっと喜びに満ちた生活ができるようになれば、家族もそれを見て納得してくれると思います。

カルト宗教ですと、その逆なのですね。その人が変になって、顔つきまで変わってきて、しかも家族と遮断されてしまいます。そうなってくると、家族はもちろん心配するわけです。しかし、洗礼を受けてクリスチャンになるということは、自分を家族から切り離すことではありません。むしろ、神さまとの交わりに入れられることによって、他の人も神さまから造られた兄弟姉妹として、自分の家族をより深く愛することができるようになると思います。

洗礼によって何が変わる？

吉崎　ときどき放送局へのお手紙で、洗礼を受けても自分が何も変わっていない、という悩みをいただいたりするのですけれども、それはどうでしょうか。やはり洗礼を受けると何かが変わることを、皆さんは期待なさるのでしょうか。

百瀬　たぶん洗礼を受けたからと言って、羽根が生えてきて天使のごとくなるというわけではないし、見たところでは、そんなにすぐに変わらないかもしれませんね。怒りっぽい人は怒りっぽいままですし、どじを踏む人はどじを踏むし。

ただ、神さまの前で、まったく違う生き方をするということではないでしょうか。洗礼を受けることによって主イエス・キリストの死と復活に参加する、そして神のいのちをいただくのですから。それは、それまでと違って、新しい神さまとのかかわりをもつことです。神さまがいつもご自身のいのちの交わりの中に入れてくださっているので、神さまのいのちに成長していきます。

だから、すぐには人間が目に見えた形で変わるわけではないけれど、それは一つの新しい方向づけであって、たぶん一年、二年、三年とたって振り返ったら、それが分かれ道だった、ずっと違う方向に進んできた、ということがわかります。

卑近な例を使うと、「おたまじゃくしも、なまずの子も、かえるの子。なまずの孫ではないわいな」と言いますね。おたまじゃくしは、なまずの子も、同じような所に生きていて、見たところは同じような格好しているのですね。ところがだんだん成長していきますと、なまずの子は大きななまずになっていくのですが、おたまじゃくしの方は手がでて、足がでて、やがて水から上がって蛙になります。昔の神学者たちなら、それを説明するのに、おたまじゃくしには初めから蛙の本性が与えられているので、同じ食べ物を食べてもなまずとは違う形に成長していって、蛙になるのだ、と言ったでしょう。

ちょっとそれに似たようなことが言えるかな、と思います。神さまの恵みによって、洗礼を受けたときから、神の子として成長する、そういう質の違いのようなものを与えられるのですね。たとえその人がいろいろしくじったり、罪を犯したりすることがあったとしても、その方向だけは変わりません。

吉崎　私は、小学校の五年生のときに洗礼を受けたのですが、その時に「生涯イエスさまに従って生きます」と言ったのを、よく覚えています。でも、後になって、大人になってから洗礼を受ける人をうらやましく思いました。みんな自覚していて、今まで歩んできたものと違うところにきちっと行こうとしておられるからです。私は親もクリスチャンで、よくわからなくて洗礼を受けたと、自分でコンプレックスを感じていたことがあるのですね。

　でも、振り返ってみて、あのとき自分にはわからなくても、神さまはすでに恵みをくださっていて、ここまで導いてくださったのだと、信じることができるようになりました。だから、よくわかっていても、わかっていなくても、それは神さまのお恵みとしていただくものだと思います。

洗礼はまたとない恵み

百瀬　子どものときに洗礼を受けるという場合は、むしろ親の信仰によるのですね。親が自分の子にはこの大きな恵みをぜひとも与えてあげたいと願うから、子どもに洗礼を受けさせるわけです。これはまた、すばらしいことだと私は思います。何かを学ぶとか身につけるということでは、子どもは天才ですからね。外国語でも、どこか外国で生活すると、大人が十年かかっても上手にならないのに、小さい子はすぐに話せるようになります。同じように、小さいときから神さまのことを聞いて、信仰生活を大人と一緒に行っている子どもたちは、神さまのことが血と肉になります。だから、幼児洗礼の人は、たとえ頭ではあんまり勉強していないとしても、信仰では深いものをもっていますよ。それは、またとないお恵みだと思います。

吉崎　前に教会にいらしていた求道者の方で、「私は洗礼を受けると、受けていない人を差別することになるから、受けません」と言って、洗礼を受けない宣言をした方がいらっしゃいました。また、ミサにあずかれないとか、聖体をいただけないのが差別と考える人もいるのですけれども、これはどのように考えればいいのでしょうか。

百瀬　これはちょうどイスラエルの選びに似ていますね。イスラエルの民は、神さまから特別に愛されて、特別に召された民です。けれども、決して自分だけにその恵みをとっておくため、自分だけでそれを味わって楽しむために選ばれたわけではありません。この民は、神さまの救いの業の道具として、神さまへの信仰を人々に証しするために召されたのです。同じように、洗礼を受けるように神さまが自分を召してくださったと知ったら、まずそれに感謝して、まっ先にそれをいただいて、今度は他の人にもその恵みのすばらしさを伝えるという使命をいただくのです。

神さまは、弱い人間をご自分の救いの業の道具としてお使いになるのですね。ですから、もし、自分が洗礼を受けるように召されたならば、それは、ただ自分に喜びを取っておくのではなくて、それを今度は他の人たちと分かちあうのです。神さまの道具として働かせていただく、ということです。

吉崎　そのために、むしろお恵みをいただくことが大事なのですね。私は、洗礼を受けてもなかなかその意味がわからなかったのですけれども、洗礼によって、古い私がイエスさまと一緒に死んで、新しいいのちに生まれるという、頭では理解できないし、体で実感することなどをはるかに越えた天国でのできごとをすでに先取りしている、大きなお恵みなのだ、ということを改めて思うようになりました。

4　未信者はどこへ行く？

質問　私の家族は、私以外はすべてキリスト信者ではありません。夫はまだ信者ではなく、夫の家族にも信者はいません。私はたった一人で天国に行くことになるのでしょうか？　私が天国に行っても、夫や他の家族とはもう会えないのですか？　家族はいったいどこへ行くことになるのですか？

「天国」とは？

百瀬　まず、「天国」とはいったい何か、ということから考えてみましょう。
そもそも神さまが人間をお造りになったのは、人間をご自分の永遠のいのちに参与させるため、神の愛の交わりに参与させるためでした。ですから天国とは、この神さまとの親密な交わりに入れられること、神のいのちをともに分かちあって、神の子らの愛の交わりに安らぐこと、と言うことができるでしょう。これこそが、過ぎ去ることのないほんとうの幸せです。

私たち人間は、だれしもそのような幸せを希望せずには生きていけません。この世の中で、私たちは幸福を求めますし、自分のいちばん愛している人には、やはり幸せになってほしいと望みます。他方では、この世の中にはまったき幸せというものがありません。すべてのものが過ぎ去っていって、皆いつかは死にます。もし死によってすべてが終わってしまうのであれば、どうでしょう。人のために自分を犠牲にして尽くすような友情や愛も、そのような無私の愛も、もし死によって、消え去ってしまうとすれば、それはあまりにも不条理です。ですから、だれでも死を超えるいのちを希望せずにはいられないと思います。

これは、一人ひとりはっきり意識しているかどうかは別にしても、だれでも希望せずにはいられない、どの人にとっても心の中に抱いている憧れのようなものだと思います。キリスト教では、人間をお造りになった神さまが、人間の心の奥底にこの憧れを植えつけられたのだ、と信じているのですね。そして、ご自分の愛の受け手として人間をお造りになったのですから、人間は死んだからといって、消えてしまうものではありません。人間は永遠のいのちへ向けて造られています。だから、人間の人生の目標は、この永遠のいのちにおいて神の愛の交わりに迎えいれられることです。過ぎ去っていく世の中で、人間が求めてやまない永遠のいのち、愛と平和の完成、それを「天国」と呼ぶのです。

　神さまは人間を天国へと招いておられます。私たちの人生は、いわば天国への旅だ、と言ってもよいのではないでしょうか。私たちが人生で経験する美とか、善とか、人々の愛や善意といったものは、天国のひとしずくです。この世にある無私の愛、自分を捨てて人のために尽くす愛、子どものために尽くす母親の愛、友のためにいのちをささげる友情、そういったものはすべて天の国を指し示すもの、そして天の国において完成される愛の交わりというものを、わずかでも垣間見させるものです。

吉崎　「天国」というと、きれいな川があって、お花がいっぱい咲いていて、小鳥がさえずっていて、いつもいつも幸せでとか、そういうイメージを子どもの頃はもっていたのですけど、それは自分の創造された目的、神さまとの親しい交わりに入れられることなのですね。いつも神さまを信じて、イエス・キリストに従いますと言いながらも、うろうろして、しょっちゅう迷って、どうしようもない自分を恥じることが多いのですけども、ときどき聖書の言葉を通して胸を打たれるようなこともあります。これが天国かと思う幸いと恵みを味わうときに、天国はそれがほんとうに完成する所なのだと想像します。今それを、ひとしずくのように地上で見せてもらうこともあるのですね。

天国に招かれるのはだれ？

百瀬　そして、このことも忘れてはならないと思います。人間が造り主である神さまとの交わりへ招かれているのであれば、その天国は決してキリスト者だけが行く所ではありません。すべての人がそこに招かれていて、そこには宗教の違いなどないはずです。たぶん他の文化や宗教の伝統では、違った想像をするかもしれないし、違った名で呼ぶかもしれません。しかし、あらゆる人が神の招きに愛をもって応える限り、その神のいのちにあずかるだろうということを、私たちは信じています。

その天の国は、聖書の中ではしばしば祝宴にたとえられています。ちょうど神さまが私たちを招いてくださる宴のように、皆がそこで再会して、一緒に神さまの恵みを分かちあって、喜び祝うこと、これを私たちは希望するわけです。

ですから、「天国」と呼ぼうと呼ぶまいと、やはり一人ひとりの人間が造られた目的に向かって歩むこと、その天の国に皆がたどりつくように互いに助けあうこと、これが私たちに求められています。

もし自分が神さまの招きに目覚め、それに応えているとすれば、その招きにまだ目覚めていない人たちのことも考えなければならないでしょう。とくにそれがご主人であったり、家族であったりすればなおさらのことですね。この人たちが一日も早くそれに目覚めて、それに向かって一緒に歩むように、そのためにお祈りし、そのために助けあわなければならないと思います。

聖徒の交わりとは?

百瀬　ところで、キリスト教の教えの中に、「聖徒の交わり」という考え方があるのですけど、それは神さまの恵みを共有する者たちの交わりを言います。

神さまによって呼ばれた者として、私たちはこの世に生きている者も、すでに世を去って神さまのもとにある者も、互いに神さまの恵みを分かちあっています。天国とは、ただ一人の幸せではなくて、神さまの愛に生かされた者たちの交わりです。

今ここにある私たち一人ひとりの救いは、ともに生きる他の人々、とくに自分が結ばれている人たち、家族、親族、友人たちの救いと切り離しては考えられません。そして、私たちが永遠の救いをいただき、天の国で永遠のいのちにあずかるとすれば、それは他者との交わりから切り離された個人として救われるのではなくて、やはり私たちを形づくっている交わりの全体がともに救われ、ともに永遠のいのちにあずかるはずでしょう。

私は天国に思いを馳《は》せるとき、必ず亡くなった自分の家族、母や、父や、姉や兄が待ってくれていることを思います。この人たちが天国にあって、いつも私と結ばれていて、私を祈りで支えてくれているのを感じます。私がこの世の人生を終えて、天国に旅立つときに、この人たちが大喜びで迎えてくれることを楽しみにしています。

吉崎　この質問をしてくださった方も、やはり愛する家族のことを思っていらっしゃるのですね。でも、聖書を読みますと、目覚めていない人とか、自分の罪を悔い改めない人は、燃える火の中に投げ込まれるというようなことが言われています。しかも福音書では、そういう表現がイエスさまご自身の言葉として伝えられていますね。どんな人も天国に招かれていると聞いて、「ああよかった」と思いながらも、まだ目覚めていない、聖徒の交わりにまだ入っていない人はどうなのだろうと、やはり心配になるのではないでしょうか。

神はすべての人の救いを望まれる

百瀬　そこでまずはっきりさせておかなくてはいけないのは、神さまがすべての人の救いを望んでいらっしゃる、ということです。神さまの招きにあずかっていない人は一人もいないということ、これを私たちはいつも確信していなくてはいけないと思います。もちろん人間は、それぞれ違います。それぞれ生まれた環境も違うし、性質も違うし、人々との出会いも、自分自身を形成するプロセスは違います。でも、他の人からは判断できないとしても、どの人も、人々との出会いとか、いろいろなできごとの中で神さまの呼びかけを聞いているのではないでしょうか。

ですから、その人が神さまの呼びかけにまじめに応えて、自分自身をそれに向けて生きるように、それを私たちキリスト者は望むのです。私たちは、主イエスと何らかの形で出会って、主の教えを生きる者としては、できる限り主が教えてくださった天の国へのすばらしい道を他の人にも教えてあげたいと思うわけですね。

たとえば山に登るとき、藪《やぶ》だらけの道を歩いていて、いい道を見つけたなら、他に歩いている人たちにも「ここにいい道があるよ」と、教えてあげたくなります。ですから、自分の家族とか、自分の親しい人であればなおさらのこと、こっちの道がいいのではないかと、言ってあげたくなるのですね。

「地獄」とは？

百瀬　確かに福音書を読みますと、地獄の話などが出てきます。ただ、イエスがおっしゃったと伝えられる言葉も、弟子たちが受けとめて、言い伝えて、それぞれの福音書の著者がそれぞれの仕方で書きとめているわけでしょう。その言葉がどのような状況で、だれに向かって語られているか、聞き手のどういう知識を前提にしているかによって、表現は違ってきます。

今おっしゃった地獄の話は、ユダヤ教の伝統に生きている人たちに向かって語られているものでしょう。もし日本人に向けて福音書が書かれたとしたら、ぜんぜん違う表現がなされたと思います。あるいは、小さな子どもたちに語って聞かせるのでしたら、また違う話し方になるでしょう。

地獄の恐ろしさというのは、人間が神から差しだされたせっかくの恵みに心を閉ざしてしまったとき、それはほんとうにその人にとって不幸なのだということを語ろうとする、一つのイメージですね。想像力に訴える、表現の手段です。

ですから、私たちに大切なことは、主イエスの私たちに宛てて語られたメッセージです。それは、神さまが私たち一人ひとりを天の国に招いていらっしゃって、私たちはそれに目覚めたら、それにお応えして、一生懸命それに向かって生きなくてはいけない、ということです。

5　神を愛するって?

質問　キリスト教だと、「神を愛する」って言いますね。でも、目に見えない相手をどうやって愛したらよいのでしょう。神さまがいるかいないのかわからないのに、まして、それを愛するなんて。

百瀬　このご質問にお答えするために、まず神さまは目に見えないのに、どうして信じることができるのか、ということをご一緒に考えてみましょう。

見えない神をなぜ信じるか

百瀬　人によっては、目に見えなくても、見えるもの以上にリアルに感じられるもの、自分にとって大切なものがあります。私の知人で、若くしてご主人に先立たれてしまった方がおっしゃったのですけど、その方は亡くなった夫が今も自分の中に生きていて、片時も忘れることができないのだそうです。同じように、亡くなった家族や友人で、今は目に見えなくても、その人と心の中で親しく結ばれていて、いつも自分のそばにいるように感じられる、ということがあります。

パウロも、一度イエス・キリストに出会って、自分の生き方を根本から変えられて、その後はいつもキリストと対話して生きていました。目には見えないキリストですけども、自分とともに歩んで、自分とともに働いている、その主キリストをリアルに感じていました。だから、手紙の中で、「生きているのは、もはやわたしではありません。キリストがわたしの内に生きておられるのです」（ガラ2・20）と書いています。

ところで、神さまは目に見えないのですけど、私たちが信じることができるように、いろいろなしるしを与えてくださいます。それは、感じ取ることのできる人にとっては、疑うことができないほどにリアルです。たとえば、自分が人生を静かに振り返ってみたときに、あるできごととか、ある特定の人に出会って自分の生き方が変えられたとか、そこに神さまが導きを与えてくださったと、深く感じることがないでしょうか。

信仰する者には、太陽の輝きでも、小鳥のさえずりでも、野辺に咲く一輪の草花でも、神さまの存在を感じさせます。神さまが自分を導いて、今も特別な愛をもってそばにいてくださる、ということを感じます。そこに、何か自分に対する呼びかけというものを感じるのですね。

よく、信仰者は「神さまの声を聞く」とか、「神さまの声に耳を澄ます」とかいう言葉を使うのですけど、それは比喩的な表現であって、ほんとうに音声で聞こえてくるわけではありません。そうではなくて、信仰をもってまじめに考えたときに、自分はこうしなくてはいけないと、一つの確信みたいなものが生まれます。信仰者にとって、それは神さまからの呼びかけに違いない、と感じられるのです。

その神さまの呼びかけを感じたとき、私たちはそれに応えたいと願います。神さまの望んでいらっしゃることを自分も行いたい、少しでも神さまの愛にお応えしたい、それが目に見えない神さまを愛するということではないでしょうか。

吉崎　やっぱり神さまにお応えしたいし、どうしたら神さまの愛にお応えすることができるのだろうかって考えますね。

見えない神をどのように愛するか

百瀬　旧約聖書には、「聞け、イスラエルよ。我らの神、主は唯一の主である。あなたは心を尽くし、魂を尽くし、力を尽くして、あなたの神、主を愛しなさい」（申6・4－5）と言われています。第二次大戦のあいだ、ユダヤ人たちがナチに迫害されて、アウシュビッツの収容所で殺害されたときの逸話ですが、新しく収監された囚人が、あてがわれた囚人服を身につけ、ふとポケットに手を入れたら、小さな紙切れがあったそうです。それは、前にこれを着ていた囚人が書き付けた紙切れで、「聞け、イスラエルよ……」の言葉が書かれていたそうです。この言葉が、強制収容所での毎日の厳しい過酷な労働と苦しみを耐えさせたのですね。敬虔《けいけん》なユダヤ人たちが、寝ても覚めても大切にしていたのは、神さまを愛する、ということでした。

　どのようにすればそれができるのか、と言えば、それはユダヤ人たちにとってははっきりしていて、掟を守ることでした。掟とは、一言にまとめれば、隣人への愛ということでしょうか。イエスもユダヤ教の伝統にのっとって、これを教えています。マルコ福音書には、ユダヤ教の律法学者がイエスに、「あらゆる掟のうちで、どれが第一でしょうか」と尋ねたとき、イエスは次のように答えたと書かれています。「第一の掟は、これである。『イスラエルよ、聞け、わたしたちの神である主は、唯一の主である。心を尽くし、精神を尽くし、思いを尽くし、力を尽くして、あなたの神である主を愛しなさい。』第二の掟は、これである。『隣人を自分のように愛しなさい。』この二つにまさる掟はほかにない」（12・28－31）。つまり、神さまへの愛は、隣人への愛に現れなければならない、ということですね。

また、ヨハネの手紙にはこう書かれています。「『神を愛している』と言いながら兄弟を憎む者がいれば、それは偽り者です。目に見える兄弟を愛さない者は、目に見えない神を愛することができません。神を愛する人は、兄弟をも愛すべきです。これが、神から受けた掟です」（一ヨハ4・20－21）。

吉崎　私がそこでうなだれてしまうのは、自分が愛に乏しい人間だと思うからです。愛したい人は愛するのですけれども、イエスさまは敵をも愛しなさいとおっしゃっています。日々出会う人々を愛しなさいと、イエスさまがおっしゃるのに、愛することの難しさを感じてしまいます。

十字架に至るまでの愛

百瀬　確かに人を愛すること、とくに自分の好きでない人、あるいは自分にひどい仕打ちをする人、自分を敵対視する人、そういう人を愛するというのは、難しいことですね。そこで私が思うのは、やはり主イエスのことです。その隣人への愛を、イエス・キリストの十字架に見ることができると思います。

私たちキリスト者は、神さまが罪の力に縛られている人間を救おうとして、ご自身の一人子イエス・キリストをお遣わしになった、と信じています。イエスは私たちの罪を贖《あがな》うために、自らその罪の結果である苦しみ、死の力の下に服して、自分のいのちをささげました。しかも、それは十字架の死です。あらゆる持ち物も名誉も奪われて、神さまからも見捨てられたような苦しみと孤独を担ってくださった。罪のために私たちに降りかかるはずだった宿命を、イエスが担って、それを通して私たちを罪と死の力から解放してくださったのだと信じています。つまり、キリストの十字架は、私たちに対するイエス・キリストの極みまでの愛のしるしであり、その愛を通して私たちは神さまの愛を知ることができます。

そのイエスは、自分の死を前にしたときに弟子たちに、言い残しました。「互いに愛し合いなさい。わたしがあなたがたを愛したように、あなたがたも互いに愛し合いなさい」（ヨハ13・34）。これが、イエスの遺言でした。「互いに愛し合いなさい」という言葉は、ただ単に弟子たちのなすべき掟として命じられたのではなく、「わたしがあなたがたを愛したように」という言葉に伴われています。

つまり、私たちが努力して、歯を食いしばって、嫌いな人も愛する、ということではありません。私たちは弱いもので、そう簡単にすべての人を愛することなどできないでしょう。しかし、「わたしがあなたがたを愛したように」と言われるように、主イエスが十字架上で、ご自分のいのちをささげてくださったことを通して、私たちにはこの愛が可能となるのだということです。

弱い人間である私たち、いつも自己中心な欲望にとらわれがちな私たちには、キリストから与えられた恵みに生かされるときに、無私の愛を行うことができるようになる、ということです。それは、キリスト教の歴史の中で、愛のために自分のいのちをささげたたくさんのキリスト者たちによって証言されています。

主イエスへの信仰が鍵

吉崎　この質問をなさった方は、「見えない神さまをどうやって愛することができるか」、とお尋ねでしたけれども、今のお話では、神さまを愛することとは隣人を愛すること、そして隣人を愛せない私たちに主イエスが十字架に至るまでの愛をささげてくださったと、またイエスさまに戻ってくるのですね。

実は、私は小学校五年で洗礼を受けて、小学校六年のときに、目に見えない神さまなど信じられないと思ったことがありました。牧師の子どもなので、皆からとうぜん「恵子ちゃんは神さまを信じ、イエスさまを信じている」と思われているから、表向きは今までどおりに生活して、親の顔に泥を塗らないようにしなければならない。だけど学校から家に帰ってきて、自分のベッドの上に転がって、「今から自分に正直に生きよう。目に見えない神さまなど信じない」と思ったことがあるのです。でも、そう思った瞬間に、「それなら、なぜ私はここにいるのだろう」と考えて、逆転しました。「私がいるから周りがあるのではなくて、神さまがおられるから私がいるのだ」

と気づいたのです。それだけが、「そうか」と、ストンと落ちたのですけれども。

そこから今度は、「じゃ、イエスさまってだれ」という問いが始まったのですが、母を見ていて、「イエスさまに出会って、その愛に生かされて、自分はほんとうに喜んでいる」という言葉を聞いて、「イエスさまが解決の鍵なのかな」と考えだして、そこから主イエス・キリストを求める祈りを始めました。長いこと祈り続けていく中で、イエスさまが私のところに来てくださったということを、自分の信仰の経験としていただいたのです。見えない神さまというところから始まって、結局、主イエス・キリストに究極的な愛のしるしをいただくのでしょうか。

百瀬　まさに、そのとおりだと思います。神さまはいろんなしるしを与えてくださっていて、それは、キリストを信じていない人にも、たとえば、他の宗教を信じている人にも、神さまは働きかけて、そこにしるしを与えていらっしゃる。それを、信仰の目をもって見たら、神さまからの呼びかけとして受けとめることができると思います。私たちキリスト者にとって、神さまの与えてくださったしるしの中で何よりもはっきりしていて、何よりも強い力をもって訴えかけるしるしは、主イエス・キリストの生と死ではないでしょうか。

これは、私たちが主イエスこそ私の神である、私の主であると信じる信仰なのですけども。主イエスと出会うということは、その主を通して、神さまの愛を知ることです。主イエスに従って、主とともに働くということは、神さまを愛するということにほかならないのですね。

吉崎　神さまを愛するということは、私たちが生涯をかけて神さまに応えていく、ということなのですね。

百瀬　そうですね、神さまを愛することは、ただ単に心が燃える、ということではないですよね。ときには、まったく喜びも感じないかもしれない。むしろ、その愛とは、毎日の退屈で平凡な人生を、一歩、一歩神さまに向かって生きることの中に表されるのです。

6 信じるだけで救われる？

質問 信じるだけで救われるなんてことが、ほんとうにあるのですか。人生そんなに甘くないですし、もしそうだったら、だれも苦労しませんよね。それに、ほんとうにそうだったら、世の中がやる気や覇気のない人間ばっかりになりはしませんか。人間は努力してなんぼだと思いますけど。

百瀬 ご質問には、ちょっとした誤解があるようですね。キリスト教の教派には、「信仰によってのみ救われる」という教えを極端な形で強調する人たちがときどきいます。しかし、その「信仰」とは、どんな「信仰」のことでしょうか。まず、歴史の背景を説明させてください。

「信仰によってのみ義とされる」

百瀬　イエスの時代のユダヤ教では、モーセの律法の掟を守ることが大事にされるあまり、こまごまとした掟ばかりに気をつかって、神さまへの愛を忘れがちだったようです。これに対して、イエスは律法を否定はしなかったけれども、むしろ律法の本来の精神、すなわち神さまへの愛と人間への愛を大切にしました。

イエスが教えたのは、神さまがすべての人の救いを望んでおられるということでした。律法を守れなくて、罪びととしてさげすまれているような人たちさえも、神さまは無償の愛をもって、ご自分のいのちの交わりへ招いておられる、ということを告げました。自分の罪を認め、赦しを願って神さまのもとに立ち返る者を、神さまは喜んで迎えてくださる、ということですね。

そもそも「救い」が神さまのいのちの交わりにあずかることなら、それは神さまの無償の恵みによってのみ可能です。人間の方から立派な行いによってそれを獲得するのではなく、ただ信仰によってそれをいただくほかはありません。

ユダヤ教の律法主義に対して、「信仰によってのみ義とされる」ということを強調したのは、パウロでした。パウロは、初めはファリサイ派の一員として律法の掟を厳格に守っていましたが、あるとき復活の主イエスと出会って回心します。イエスの福音を知った後のパウロは、人が救われるのは律法の業によるのではなく、信仰によるのだということを強調しました。神さまの恵みに信頼して、神さまに向かって生きるとき、神さまはその人を決して退けず、必ず導いてご自分のいのちにあずからせてくださること。これを確信したパウロは、「人が義とされるのは律法の行いによるのではなく、信仰による」（ロマ３・28）と説きました。「義とされる」という言い方はわかりにくいかもしれませんが、要するに、人が神さまとの正しいかかわりに入れられ、神さまに喜んでいただく者となること、つまり「救われる」ことだと理解してもよいと思います。

このことは宗教改革の時代に、マルティン・ルターによって再び強調されました。ルターは、当時のカトリック教会のさまざまな律法主義、自分の行いをもって恵みを獲得しようとするような信心のあり方に異議を唱えて、信仰によってのみ義とされるという福音の教えを基本に、自分たちの教会を新しく始めたのです。

この教えが、皮肉なことに教会分裂の原因になってしまいましたけれども、ルターの本来の意図は、福音の精神に立ち返る、ということでした。そのことに関しては、カトリックもプロテスタントも違いはありません。信仰によってのみ義とされるという教えは、教派の違いを越えて、すべてのキリスト者の信仰の中心にあると思います。

現代人にとって大切なこと

百瀬　このことは現代の日本に生きる私たちにとっては、とくに大切なことだと思います。現代人は自然科学や技術の発達によって、人間が世界を造り変えることができるかのように考えがちです。私たちの食べ物も、生活様式も、あるいは環境さえも、すべて人間の力によって操作できるというような考え方がだんだん一般的になっています。その結果、自分の人生の目的、自分の幸福、あるいは救いすら、自分の力で獲得しようとする、そういう傾向が社会にはびこっています。実は、これこそが人間を不幸にするものです。

自分の力によって何かを成し遂げようという業績主義、自分だけが富や地位を獲得しようとする個人主義と利己主義の結果、貧富の差がますます大きくなります。他の人を蹴落としても自分がよい地位につこうとする競争や弱肉強食からは、争いと妬みが生み出されて、人間は互いに交わりと愛をもつことができなくなってしまいます。人間が神のようにあろうとして、逆に悪の力に隷属してしまう、というのが現代の社会に潜む落とし穴です。

これに対してキリスト教の福音は、神に信頼する者の自由と喜びを告げます。我執からの解放、相互の愛といたわり、そして死を超えるいのちへの希望を説きます。

神さまによって、神さまに向けて造られた人間にとって、救いとは神さまのいのちにあずかることです。その神さまのいのちへの参与は、恵みによってしかできません。この神さまの恵みに目覚めること、これに応えようとすること、これを「信仰」と呼ぶのですね。

吉崎　では、「努力してなんぼ」という、そのような努力をどんなに積み重ねても、それは救いとは違う、ということですね。

百瀬　自分で自分を救おうとすると、ますます救われなくなってしまいます。悪の力の虜《とりこ》になってしまう。救いというのはもともと神さまの恵みによってのみ可能なもので、恵みをいただくことは信仰によってのみ可能だ、ということですね。

吉崎　この質問をしてくださった方も、やはり自分が救われなくてはいけないということは、感じていらっしゃるのですね。人はみな救われなくてはいけない、という状態にあるわけですね。そうすると、神さまから切り離された状態が、救われていないということなのですか。

百瀬　そうですね。私たちはだれしも自分の自由の乱用から、神さまから離れていってしまう。あるいは、神さまから引き離すような力が私たちの中に絶えず働いている。自力で神さまの方に行こうと思っても、それができない。それが現実なのですね。その「罪の力」にあらがうためにも、私たちには神さまからの恵みが必要なのですね。

「信仰」とは？

百瀬　それで、今お話しした「信仰」ですけども、それは神さまの恵みに目覚め、これに応えようとすることです。何もしないで、やる気や覇気のない人になって、無気力に生きる、ということではありません。信仰とは、神さまの呼びかけに応え、神さまの恵みに生かされて生きることです。

ですから、そこにはまず、神さまからの呼びかけというものが必ずあるはずですね。神さまは私たちを、ご自分の創造の業に参加させようとしてお造りになったからです。神さまは私たちを抜きにしてご自分の救いの業をなさるのではありません。むしろ、私たちを使って、私たちを道具として、その救いの業をなさる、と言ってもよいと思います。無力な私たちですけども、無力で弱い私たちを、ご自分の業の協力者となさる、これが神さまのなさり方です。

そこでルカ福音書の伝える受胎告知の場面を思い出すのですけれども、マリアは天使からお告げを受けて、「お言葉どおり、この身に成りますように」（ルカ1・38）と答えました。これは創造主である神さまが、マリアの自由な承諾をお求めになったということですね。このマリアの承諾がなければ、神さまの創造の業もなされなかったでしょう。神さまはご自分の救いの業、新しい創造の業をなさるために、無力な被造物をお使いになって、ご自分の救いの業、創造の業の協力者となさったわけです。

アウグスティヌスも言っています。「神は私たちを抜きにして、私たちをお造りになったけれども、私たちを抜きにして、私たちをお救いにならない」と。私たちは神さまの救いの業に協力するように招かれています。そして、神の恵みと導きを信じて、神さまの呼びかけに応える、ということが信仰です。

ところで、さきほど「信仰によってのみ義とされる」と強調したのがパウロだと申しましたが、イエスの弟子になったパウロは、その手紙にあるように、福音のために大変な苦労をしています。投獄されることがあったり、鞭打たれたりすることがあったり、死ぬような目にも何度か遭っています。「ユダヤ人から四十に一つ足りない鞭を受けたことが五度。鞭《むち》で打たれたことが三度、石を投げつけられたことが一度、難船したことが三度。一昼夜海上に漂ったこともありました。しばしば旅をし、川の難、盗賊の難、同胞からの難、異邦人からの難、町での難、荒れ野での難、海上の難、偽の兄弟たちからの難に遭い、苦労し、骨折って、しばしば眠らずに過ごし、飢え渇き、しばしば食べずにおり、寒さに凍え、裸でいたこともありました」（二コリ11・24－27）。

パウロは、イエス・キリストを信仰するようになって、やる気がなく、覇気がない人になったわけでは決してありません。これほどのことを耐えて福音のために働いたのです。もちろんパウロは特別な人だったかもしれません。また、パウロに与えられた神さまからの召しだしは特別のものだったかもしれません。けれども、どの信仰者にとっても、信仰するということは、あえて自分自身を捨てて、神さまのみ旨を追い求めることを意味しています。

7　キリスト教は男尊女卑？

質問　パウロの手紙を読んでいると、「女は男に従え」みたいなことが出てきますよね。何だかこれは、ずいぶんと男尊女卑のような気がします。私の夫はクリスチャンではないのですが、家事も当たり前のようにやってくれるし、ほんとうによくしてくれます。信者でない人のほうがまともではありませんか。

パウロの女性観

百瀬　まず、パウロの手紙で男尊女卑のようなことが出てくるところを、取りあげてみましょう。コリントの信徒への第一の手紙十一章ですね。女性は頭にかぶりものをかぶれ、という話が出てきます。

「男は神の姿と栄光を映す者ですから、頭に物をかぶるべきではありません。しかし、女は男の栄光を映す者です。というのは、男が女から出て来たのではなく、女が男から出て来たのだし、男が女のために造られたのではなく、女が男のために造られたのだからです」（一コリ11・7－9）。

これは、創世記にある人間の創造の物語を元にしているところですね。神さまが粘土で男を造って、それに息を吹きかけて男ができた。それから、男の助け手として女を造った。男が寝ているときに、神さまがあばら骨を取って、そこから女を造ったという、太古の神話です。パウロは、この創世記の物語に基づいて、女は男の栄光を映すものだとか、男が女から出てきたのではなくて、女が男から出てきたのだとか語っています。けれども、すぐそこで男尊女卑の考え方をしている、と言えるでしょうか。

このコリントという町の教会はパウロが創設した教会ですが、実際には女性たちが取りしきっていたようです。しかし、コリントに住むユダヤ人たちのあいだでは、家父長制度によって、妻は子どもたちとともに家族の長である夫に従属するという考え方が普通でした。キリスト教のグループがあまりにも違う生活をしていると、他の人につまずきを与えますから、パウロはそれを気にして書いています。ですから、創世記を使ってこの忠告をしたすぐ後で、次のように言ってます。「いずれにせよ、主においては、男なしに女はなく、女なしに男はありません。それは女が男から出たように、男も女から生まれ、また、すべてのものが神から出ているからです」（同11－12）。

そもそもコリントの信徒への手紙は、パウロが去った後、コリントの教会で起こったいろいろな問題、彼らの生活に対して他の人からなされた批判とか、お互いの意見の食い違いとか、そういった問題についての質問が海の向こうにいたパウロのところに寄せられて、パウロが一つひとつ答えるつもりで書いたものですね。コリントの教会の特徴の一つは、「カリスマ」という現象でした。それは、さまざまな聖霊の恵みのことですが、ある人はみことばについての教えに専念するし、ある人は教会の奉仕のための仕事をするし、教会の中でいろいろな働きをする人々がいたわけですが、その中で女性たちがすごく活躍していました。

でも、パウロはその共同体全体の益になるように、という配慮をしています。彼らが礼拝に集まるときに、気をつけないと無秩序な騒がしい集会になってしまうおそれがあったようです。それで、女性は集会のときに黙っていなさいとか、言っているのですが、これも、その逆の状況があった、という事実をうかがわせるものです。あまりにも女性たちが目立って、教会外の人から変な目で見られるという、そういう恐れがあったので、パウロはそれを慎むように忠告しているらしいのです。

吉崎　私も、聖書はずいぶん男尊女卑だな、という印象をずっともっていたのですけれども、パウロがこれを書いたのは、むしろ女性が活躍しすぎて、批判を浴びていたことに対して、バランスを考えてのことだったとうかがって、とても腑《ふ》に落ちました。女性は頭数に入っていなかったような、女性はろくに人間扱いされていなかったような時代に書かれた、ということをもう一度教えていただいて、何かすっとしました。

というのも、私が二十代の初めの頃、クリスチャンの男性で手紙をくれた人が、いわば恋文に似たようなものに添えて、「婦人はつつましい身なりをし、慎みと貞淑をもって身を飾るべきであり、髪を編んだり、金や真珠や高価な着物を身に着けたりしてはなりません。むしろ、善い業で身を飾るのが、神を敬うと公言する婦人にふさわしいことです」（一テモ2・9－10）という聖書の言葉を書いてきたことがあります。

私は、そう言って私の上に君臨しようとしているのだなと、すごく反発を感じたのです。でも、パウロの意図は、もっと本質的なことなのですね。こういうことを一生懸命に書くのは、教会の中で逆の状況があったからでしょうね。

百瀬　私はそう思います。およそ聖書の言葉は、その時代の固有の状況の中で言われているので、その状況を無視して、言葉だけを取り出して判断するのは正しくないと思います。

吉崎　やはり私は女性だから、女性に対して差別的な言葉があると、そこに反応してしまうのですけれど、実はその時代の背景や、前後の文脈もわきまえて理解するということが大事なのですね。

イエスの女性観

百瀬　ところで、なぜパウロの作った教会で、それだけ女性たちが活躍したのかと言えば、それはやはりイエスの教えに根拠があったと思います。つまりイエスは、当時の家父長制度の社会の中で常識を逸するような、その時の慣習を破るような形で、女性たちを大切にしました。それに、男の弟子たちは簡単にイエスを裏切ってしまったのですけど、ガリラヤから付き従った女の弟子たちがいて、彼女たちは最後まで忠実に、十字架の下にまで従ったのですね。

こういう女性たちがいたことを、マルコ福音書が記しています（15・40－41参照）。イエスが女性たちを大切にして、イエスの周りには女性の弟子たちもいたということでしょう。当時のユダヤ教のラビたち、宗教の指導者たちは、女性を弟子にしませんでした。聖書を開きますと、その他にもイエスの言葉を一生懸命に聴く女性の姿などが描かれていますし、ヨハネ福音書では、復活の主が一番先に現れるのがマグダラのマリアという女性のもとです。そして、主はマグダラのマリアに、証言者となる使命を与えます。「わたしの兄弟たちのところへ行って、こう言いなさい。『わたしの父であり、あなたがたの父である方、また、わたしの神であり、あなたがたの神である方のところへわたしは上る』と」（20・17）。

吉崎　イエスさまは、ほんとうに女性を大切にしてくださって、たとえばヨハネ福音書四章でサマリヤの女を導く場面とかを読むと、ずいぶんとフェミニストでいらっしゃったと思うぐらいです。

教会の現状

百瀬　他方では、現代の教会、とくにカトリック教会は男尊女卑とまで言わなくても、いまだに男性中心的なことは否めません。それは残念なことです。キリスト教は当初、主として古代ローマ帝国内に広がったのですが、その発展の過程でやはり男性中心の社会の影響を受けました。ですから、しだいに教会の統治や指導的な立場から女性が締め出されるようになったのですね。そして現在に至るまで、教会は男性中心的な構造をもっていて、男性中心的な考え方をしているように思えます。

ただ、現在ではこういう欠点がいろいろ反省されて、いわゆる「フェミニスト神学」などが台頭してきて、女性の視点で聖書を読むとまったく違う面が開けてくることが指摘されています。また、女性の視点から教会を見直すことによって、これまでの男性中心的な教会とは違った、もっと福音の精神に基づいた教会のあり方を考える、という動きもさかんになっています。

実際には、日本の教会でもそうですね。どの教会に行っても、まず人数の上で三分の二以上は女性でしょう。また、いろんな活動が女性によってなされています。私が担当している教会で勉強会を開くとか、奉仕のグループを立ちあげるとかしますと、そこで中心になるのはたいてい女性たちです。もう少し男性ががんばってくれたらいいのに、と願っているのですけども、現実的には、教会を担っているのは女性たちですね。ですから、近い将来に、構造の上でも、もっと変わってくるだろうと私は思っています。

キリスト教の結婚観

百瀬　ご質問をなさった方は、ご主人がクリスチャンでなくても、奥さまによく尽くしていらっしゃると、夫婦のあいだの関係のことを話しておられますね。これは、すばらしいことです。キリスト者の男性よりも、しばしばキリスト者でない男性のほうが思いやりの心があるとすれば、やはりキリスト者は、イエスの教えを思い起こして恥じるべきでしょう。キリスト者でない方のほうがイエスの教えをもっと忠実に生きているということになりますから。

聖書が結婚生活について何を教えているか、改めて思い起こすと、エフェソの信徒への手紙では、次のように述べられています。

「キリストに対する畏れをもって、互いに仕え合いなさい。妻たちよ、主に仕えるように、自分の夫に仕えなさい。キリストが教会の頭であり、自らその体の救い主であるように、夫は妻の頭だからです。また、教会がキリストに仕えるように、妻もすべての面で夫に仕えるべきです。夫たちよ、キリストが教会を愛し、教会のために御自分をお与えになったように、妻を愛しなさい。キリストがそうなさったのは、言葉を伴う水の洗いによって、教会を清めて聖なるものとし、しみやしわやそのたぐいのものは何一つない、聖なる、汚れのない、栄光に輝く教会を御自分の前に立たせるためでした。そのように夫も、自分の体のように妻を愛さなくてはなりません」（5・21－28）。

確かにここでも、「妻たちよ、主に仕えるように、自分の夫に仕えなさい」という言葉があります。でも、それは隷属するということではなくて、主イエスが教えられた、「互いに仕える」ということの一つの具体化でしょうね、ご自分も、「人の子は仕えられるためではなく仕えるために来た」（マコ10・45）とおっしゃっています。また、ヨハネ福音書では、最後の晩餐の席上で、主イエスは弟子たちの足を洗った、と伝えられています。そして、「あなたがたも互いに足を洗い合わなければならない」（13・14）とおっしゃっています。足を洗うという行為は、当時の奴隷や召使いの仕事です。それを主イエスは自ら弟子たちになさって、そして、互いにそのようにしなさい、と命じられました。ですから、「互いに仕える」ということは、そもそもキリスト者の使命なのですね。

もっとも、ここでは「妻は夫に仕えなさい」という言い方をしています。しかし、同様に夫に対して、「妻を愛しなさい」と言っています。しかも、「キリストが教会を愛し、教会のために御自分をお与えになったように」と、自らのいのちをささげたキリストの模範にならうように言っています。そこには男尊女卑の思想はないと思います。

確かに、男性中心の社会で生まれた教会、男性中心の社会の中で書かれた手紙なのですけれども、その中で、自分のいのちをささげるほどに愛し合いなさいと、互いの愛と尊敬、ということが言われていますね。本来のキリスト教の結婚観はここにあると思います。だからと言って、すべてのキリスト者がみなそのような理想をまっとうしているとは言えないでしょう。私たちはみな弱いものだし、いろんな失敗を重ねるのですけど、でも自分の弱さを知りながら、キリストが私たちを愛してくださって、私たちのためにいのちさえささげてくださったということを日ごとに思い起こして、その愛をいただいて、その恵みに支えられて、他の人をも愛することができるように、互いに愛し合うことができるように、そのように祈り、そのように生きるのがキリスト者だと思います。

心の悩みに関する質問

8　神さまは不公平？

質問　私の母は、生涯苦労しながら私たちを育ててくれました。けれども、最後には幾つもの病気になって、苦しんで亡くなりました。病床で、「私、何か悪いことしたんだろうか」、とつぶやいた一言が忘れられません。安らかに亡くなられる人もたくさんいると思います。しかし、たまりません。なぜ、母はこのような人生を送らねばならなかったのでしょうか。神さまはあまりにも不公平だと思います。

百瀬　これは非常に苦しく、難しいご質問ですね。私たちが自分の身内の死とか、親しかった友人の死に接したときに思わず発する問いです。どこまで答えになるかわかりませんが、一緒に考えてみましょう。

不公平な現実

百瀬　まず、世の中に不公平な状況がたくさんある、というのが私たちの現実ですね。ある人は健康や能力に恵まれ、活躍して、社会のリーダーになります。ところが、ある人は障害をもって生まれ、家族や福祉施設の世話になって、行動範囲も交際も限られた生活を送ります。旧約聖書を読むと、それが先祖の罪の結果のように考えられていた時代もあったようです。しかし、イエス・キリストはそのような考えを否定して、むしろ病や障害を負った人々、社会の隅に追いやられた人々をこそ、神さまが特別に愛してくださっている、ということを教えました（ヨハ９・１－３参照）。事実、このような苦しみを負った人々は、とても敏感に神さまの愛の働きを認め、これに心を開くことがしばしばですね。ヨハネ福音書では、イエスの言葉として、「見えない者は見えるようになり、見える者は見えないようになる」（９・39）という逆説が語られています。

ところで、なぜ不公平があるのかという原因は、しばしば社会の罪に由来しています。富や名誉を求める人間の利己的な欲望から、社会の中に貧富の格差が生まれます。人を押しのけても、身分や地位を得ようとするとき、世の中には人種や宗教や身分による差別が生じます。

ルカによる福音書では、金持ちとラザロのたとえ（16・19－31）が伝えられています。ぜいたく三昧の生活を送る金持ちは、すぐ近くにいる貧しい人への思いやりがなく、富を分かちあうことをしませんでした。貧しいラザロは、飢えと病に苦しみ、犬たちが体のできものをなめるような惨めな生活をしていました。両方とも人間の定めの通り死ぬのですが、生きているあいだ良いものをもらっていた金持ちは「陰府《よみ》の炎」でさいなまれました。生きているあいだ悪いものをもらっていたラザロは、「アブラハムの宴席」で慰められました。これはイエスの語ったたとえ話で、その当時の人々の信じていた死後の世界がイメージとして使われているのですが、私たちがこの世で互いに思いやりと助けあいを大切にすべきこと、とくに貧しい人や体の不自由な人への心遣いを忘れてはならないことを説いています。

人間の世界に不公平という現実があるからこそ、人間の生きる意味は地上の生涯に尽きるものではなく、むしろ地上の生涯を終えた後の神さまの正しい裁きと報いというものが求められるのではないでしょうか。神さまを信じる者にとっては、死は終わりではなく、むしろ永遠のいのちへの門であって、地上の生活はその永遠のいのちを準備するものです。

吉崎　実は私も、自分の母が七年間、壮絶な闘病生活をして亡くなって、だれよりも一番安らかに亡くなる権利があったのではないかと思っていた母がそうなったので、このご質問をなさった方の悲しみがすごく心に迫ってくるのですね。何も悪いことをしたことのない人が苦しんで、悪いことした人が楽しそうに幸せになっているというのは、やはり不公平ではないか。お母さまが幸せな生き方をしてほしかったという、この方の声が聞こえてくるような気がするのです。

幸せな人生とは？

百瀬　お母さまが苦しんで亡くなる姿を目の当たりにして、もっと幸せな人生を送らせてあげたかったという思いには、慰めの言葉もありません。でも、考えておかなければならないのは、「幸せな人生」とは何か、ということです。

そもそも人間が神さまによって造られたものですから、神さまをぬきにして、ただ自分を中心にして生きては幸せになれません。神さまが人間をお造りになるのは、人間をご自身のいのちの交わりにあずからせるためです。ですから、真の幸せとは神さまのいのちをいただくこと、そして、神さまの愛に応えるような生き方をすることです。

イエスはファリサイ派の人と徴税人のたとえによって、これを教えています（ルカ18・9－14）。ファリサイ派は、当時のユダヤ社会のエリートのグループでした。よくお祈りして、信仰深く、人々からも尊敬されていました。これに対して徴税人は、律法の掟を守らず、しかも占領軍であるローマのためにユダヤ人から血税を搾り取るのですから、同胞のユダヤ人から嫌われていました。二人が神殿で祈るのですが、ファリサイ派の人は自分が品行方正な生き方をしていることを感謝します。徴税人は、「罪びとの私をあわれんでください」と祈ります。イエスによれば、神さまが喜んでくださったのは、ファリサイ派の人の祈りではなく、むしろこの徴税人の祈りだったというのです。

日本の社会に置き換えてみたら、一人は仕事に成功して、立派な地位について、人に尊敬されるような人、もう一人は仕事にも人間関係にも挫折して、貧しく、寂しく生きている人としましょう。さて、どちらが神さまに喜ばれる生き方かは、人間的な基準で計ることができないのですね。

たとえ、世間の目では不幸に見えても、それでも、苦しみの中で、自分の弱さの中で、この弱さを受けとめて、神さまに心をあげ、そのような弱い自分をも愛してくださる神さまを知り、神さまに感謝と賛美の心をささげることができたら、神さまの前ではそのほうがずっと尊い生き方ではないでしょうか。いろいろ活躍して、人に認められて幸せそうに見えても、神さまのことを忘れている人よりも、苦しみの中で、貧しい生活の中で、神さまのみを頼りにして、賛美をささげる人、その生き方のほうが神さまに喜んでいただけると思います。

だからイエスは言ったのです。「貧しい人々は、幸いである、神の国はあなたがたのものである」(ルカ6・20)。自分が健康であり、すべてが順調に運んでいるときには、このことに気づかないかもしれません。自分が無力になり、人の世話にならなければならなくなったとき、そのとき初めて、神さまに向かって生きることこそが自分の幸せなのだ、ということに気づくかもしれません。

吉崎　私の母も臨終のとき、私が枕元で、「お母さまのためにお祈りをしたい」と言ったら、母がまっすぐ私を見て言ったのは、「恵子、私の祈りは『み名があがめられますように』ですよ」と。そう言われて、私は母の祈りは、「この苦しみから救ってください」とか、「あんなことしてください、こんなことしてください」ではなくて、「み名があがめられますように」なのだと知って、私にとって大きな慰めになりました。

キリストの苦しみと復活をともにする

百瀬　ところで、イエスは安らかな死とはほど遠い、十字架という、非常に屈辱的で、絶望的な死に方をしました。十字架の上で苦しみにもだえながら、人々に捨てられて亡くなりました。しかもそのとき、「わが神、わが神、なぜわたしをお見捨てになったのですか」（マコ15・34）という、絶望的な言葉を叫んで、息絶えたのです。

キリスト者は、このイエスの死が、私たちの救いのための死だった、と信じています。神さまがイエスの苦しみと惨めな死を通して、私たち人間の苦しみと悩み、そして最後には孤独の中に死んでいくという宿命を、ご自分のみ手の中に受けとめてくださった、と理解しています。

そしてキリスト者は、あらゆる苦しみ、病と老い、そして最後の死をイエスが一緒に担ってくださると信じています。イエスとともに苦しみと死を神さまにささげることを通して、イエスとともに復活のいのちに参与すると信じています。

キリストの苦しみに参与することは、キリストの復活にも参与することです。パウロは、ローマの信徒への手紙の中で書いています。「もし、わたしたちがキリストと一体になってその死の姿にあやかるならば、その復活の姿にもあやかれるでしょう」（ロマ6・5）。

キリストの復活にあずかること、つまり永遠のいのちをいただくこと、これが救いであって、私たちはそれを目指して生きています。イエス・キリストへの信仰は、イエスとともに死に、イエスとともに永遠のいのちに生きるという信仰です。

吉崎　それでは、このお母さまがこんな苦労のご生涯を送られ、最後も苦しんで亡くなられたけど、それは何か悪いことをしたから、その罰のように神さま

がなさったということではなくて、神さまがこのお母さまをほんとうに愛して、懐に受けいれてくださった、と信じていいのですね。

百瀬　そう思います。確かに、この世界には私たちにわからないことがたくさんあります。しかし、神さまは必ず世界の歴史を導いてくださって、人間の苦しみや傷を癒やし、永遠のいのちへと導いてくださるのだ、と私たちは信じています。

9　病気は何かの罰？

質問　うつ病になり、仕事もできなくなりました。毎週欠かさず教会に行って、毎日欠かさずお祈りもしているのに、なぜこんなことばかり起きるのでしょう。思い出せる限りの罪を悔い改めました。それでも一向に病気はなおりません。もう、これ以上何をしたらいいのかわかりません。これは何かの罰ですか？

百瀬　現代社会の問題なのか、うつを病む方々は、最近はますます多くなってきているような気がします。とっても苦しい病気ですね。肉体的な病気と違って、見えませんし、回復に長くかかります。目に見えないだけに、人からも理解されなくて、本人が苦しむことが多いようです。

病気と宗教とを切り離す

百瀬　まず大切なことは、病気と宗教とは切り離して考える必要がある、ということです。この病気が罪の結果であるとか、神から与えられた罰であるとかいう考えを捨てなければいけません。それによって、病気をますますひどくしてしまう危険があるからです。聖書の言葉も、自分勝手に読みますと、病気の治療のためにはかえってよくない勧めをそこに聞き取ってしまうことがあります。また、教会に行っても、牧師さんや神父さんが必ずしも病気の専門家ではありませんから、不適切な勧めをしてしまうかもしれません。牧師さんや神父さんがかかわる信仰の問題と、精神科のお医者さんやカウンセラーがかかわる心の病の問題とは、いろんなところで絡みあってはいるけれども、原則としてはっきり区別すべきだと思います。

私はカトリック司祭として、うつ病に苦しんでいらっしゃる方には、正直言って、どういうお勧めをしたらいいのか、困ることがあります。間違った勧めをして、かえって悪くしてしまう危険があるからです。若い頃ですけれども、何度か間違った勧めをして、間違った対応をして、その人がますます悪くなって、どうしようもなかったという苦い経験があります。ですから、できるかぎり専門家のところに行くようにお勧めしています。

いずれにせよ、無理してはいけないと思うのです。心の病は、自分の意志でどうこうできるものではありません。ちょうどインフルエンザにかかって熱のあるときに、どんなに働きたいという意志があっても、休まなくてはいけないように。そういうときには、自分の責任ではないのですから、まずゆっくり休養することが必要なのですね。そして、よいお医者さんに診てもらうことが大切です。

私たち人間は自然のいのちの体をもった存在ですから、まず体の健康のためにできるだけのことをしなければなりません。そこで歯をくいしばって聖書を読むとか、神さまに祈るとか、下手に宗教をもちこまないことです。寝不足で、こめかみにいっぱい青筋立てながら神さまに祈っても、その祈りはほんとうの祈りにはなりません。体の異常な状態で無理して祈ることで、ますます神経を痛めてしまうかもしれません。

吉崎　ほんとうにそうだ、と思います。放送局では、うつを病んでいらっしゃる方々から、毎日のようにお手紙をいただくのですが、いちばん胸が痛むのは、

「自分は生きている価値がない、私なんて生きていてもしょうがない」とおっしゃる方です。そういう惨めな思いの中におられることが痛いほど感じられて、「どうぞ死なないでください」とお願いしています。

そして、先ほどおっしゃった、信仰と切り離すということが大切だと思います。ある牧師さんが、「もう祈らなくていい、あんまり祈りなさんな」とおっしゃったことがあったのですけど、「その祈り方に問題があるから、そういう祈りはもうやめなさい」ということかな、と思います。聖霊がうめくように祈っていてくださるから、「自分の熱心な祈りによって、ここから抜け出そうなんてことは考えないで、お委ねしなさい」という意味なのかな、と思いながら、うかがっていたのですけれども。

落ちこんだ人への五つの勧め

百瀬　これと関連して、中世の偉大な神学者トマス・アクィナスの言ったことを思いだします。「信仰の危機にはこうしなさい」と、五つの勧めをしています。

まず一つ目は、「よく眠ること」です。仕事が間に合わないからといって睡眠を減らすと、能率が落ちて、ますます間に合わなくなるという悪循環をよく経験します。思いきって休むと、かえって早く仕事がすむかもしれません。心配事をかかえて眠れないというときは、目をまっかに充血させて、寝ないで考えて結論を出したりしないこと。心配してもどうにもならないときには、ひとまず眠ることです。一晩寝れば、翌朝には何か違った視点が開けてくるかもしれません。

昔の修道者は、苦行として睡眠を減らしたり、徹夜して祈ったものですが、現代人は神経が弱くなっていますから、寝ないで祈ったりすることは勧められません。徹夜で祈って決めたことは、大抵の場合あてになりません。逆に、神経が疲れていて眠れないときは信仰の闇に陥りやすいので、運動をしたり、野良仕事をしたりして、体を疲れさせると、よく眠れるようです。十分に睡眠をとって心が平静であるとき、初めて祈りの中で正しい判断ができるものです。

トマス・アクィナスの勧める二つ目は、「お風呂に入ること」です。昔、ギリシアの科学者アルキメデスはお風呂に入っていたとき、浮力の法則を発見して、「ヘウレウカ」（発見した）と叫びながら、まっぱだかで町を駆けまわったと言われます。考えつめていても解決しなかったことが、お風呂でゆっくり気持ちをほぐしたときにひらめく、ということもあります。

とくに日本人は温泉が好きですから、行きづまっているときには、どこかの温泉に出かけてゆっくりするとよいかもしれません。一人で青い顔をして出かけると、自殺でもしかねないと、旅館の方で泊めてくれないことがあるので、だれかを誘っていくこと。また、落ちこんでいる人がいたら、温泉につれていってあげるのは、大きな隣人愛だと思います。

トマス・アクィナスの勧める三つ目は、「よいものを食べること」です。

私が学生だった頃、寮の生活になじめないで落ちこんでいたときに、学校でお世話になった恩師の神父さまが訪ねてきて、レストランに連れていってくださったのを思いだします。あれは励ましになりました。その後、外国で自炊生活をしていたときも、落ちこんだときには特別に好きな物を買ってきて、ごちそうをして自分を励ましました。また、身の周りに落ちこんでいる人がいたら、おいしい食事に誘ってあげるとよいと思います。

適度の赤ワインは、健康によいそうです。落ちこんだときには、そんなに上等なものでなくても、自分の好きな飲み物を一本開けましょう。できれば、だれかを誘って一緒に飲むこと。しかし、「やけ酒」はいけません。気がめいるからといって酒をあおると、ますます自分を崩してしまいます。

トマス・アクィナスの勧める四つ目は、「友を訪ねること」です。

一人で考えていると、考えがつい一人よがりになりがちですね。でも、だれかに話してみると、たとえその人から直接に答えをもらわなくても、口に出して話したことによって解決を見いだすことがあるものです。そういうとき、安心して打ち明けられる友がいると助かります。だから、ふだんからできるだけ友を作るように心がけること。また、人から何かを打ち明けられたら、絶対に秘密を守ること。

そして、トマス・アクィナスの勧める五つ目は、「神の前で泣くこと」です。

トマスは、信仰の危機にある人に向かって、すぐに「神さまから与えられた試練です」とか、「キリストの十字架にならいなさい」とか言いませんでした。信仰は、まず健全な精神状態の上に育つものだからです。でも、人間的にできることをすべてなした上で、最後には「神の前で泣きなさい」と言いました。苦しみも、悲しみも、心配も、悩みも、自分のすべてをさらけだして、大声で泣くこと。泣くことを恥じてはなりません。悲しければ泣くのが、私たち人間です。たまねぎを目にすりこまないと涙が出ないような、「聖人」にはならないこと。神さまは、私たちの訴えを捨ておくことは決してなさいません。神さまが必ず最善のことをはからってくださいます。

　私は自分のところへ相談にくる方がいらしたら、いつもそのようにお勧めしています。自分を責めないでいいから、まず休みなさい、と。散歩とか、運動とか、山歩きなどは、とてもいいようです。早くよくなろうなどと思って、焦ってはいけない。早くよくなりたいとか、自分はこんなはずではなかったとか、そういうことを考えると、ますます悪くなってしまいます。だから、自分の弱さも、欠点も、仕事ができなくて家族につらい思いをさせたり、迷惑をかけたりしていることも、そのありのままを神さまにお委ねすることが大切ではないかと思います。

吉崎　トマス・アクィナスの、「よく寝て、よく食べ、お風呂に入って、お友だちを訪ねて、そして神さまの前で泣きなさい」という言葉は、とても具体的で、よくわかります。ですから、この病気は神さまからの罰だなんて考えなくてもいいのですね。

神の「罰」や「怒り」とは？

百瀬　そのとおりですね。さきほど病気と宗教とを区別しなければいけない、ということを申しあげたのですけど、うつを病む方に限って、自分の罪とか、神さまの罰とかいうことばかりを考えがちです。でも、それは違います。神さまがそんな罰を与えることは絶対にありません。そして、うつ病という病気は、罪とは関係がありません。罪を犯したからうつ病になるのではなく、それはもっとほかの原因によるのでしょう。

　確かに聖書の中には、人間のかたくなな罪を糾弾する言葉があります。たとえば「神の裁き」という言葉があるし、「神の怒り」という言葉もあります。「御子を信じる人は永遠のいのちを得ているが、御子に従わない者は、いのちにあずかることがないばかりか、神の怒りがその上にとどまる」（ヨハ3・36）という言葉などがそれですが、その言葉だけを引きあいに出して、自分の状況に当てはめてはいけません。

　イスラエルの民は、国が滅ぼされたり、神殿が破壊されたり、捕らわれの身になって異国に引かれていったり、そういう苦しい経験をしたときに、それを神さまからの罰だと理解しました。自分たちがせっかく神さまから選ばれて、神さまの特別の恵みをいただいていたのに、それを忘れて神さまとの契約を破ってしまったから、その結果として、このような不幸が自分たちに降りかかってきたのだ、というふうに理解しました。

したがって、「神の怒り」という言葉は、「あたかも神さまが怒っておられるかのような」不幸な状態を意味していました。しかし、神さまが怒って人間を罰するのではなく、むしろ、人間が罪を犯し、神さまから離れることによって、ますます不幸になってしまう、そういう状態が「神の怒り」という言葉で表現されているのでしょう。

同時にイスラエルの民は、自分たちの背きにもかかわらず、神さまがあくまでも契約に忠実であられる、ということを固く信じていました。自分たちがこれほど神さまに背いたのに、神さまは忠実で、民をいつも導いてくださる、という信仰です。神さまはご自分に呼ばわる者を決して見捨てないという、深い信仰に生きているのですね。詩編にも、「主は助けを求める人の叫びを聞き、苦難から常に彼らを助け出される」(34・18)と歌われています。この信頼を、イスラエルの民は持ち続けてきました。

ですから、「罰」とか「怒り」とか、そういう言葉に捕らわれるのではなくて、イスラエルの民の信仰が私たちに何を伝えているのか、そのメッセージは何であるか、を理解しなければいけないと思います。

イエスの説いた父への信頼

百瀬 このことは、主イエスの言葉を聞くと、もっとはっきりします。主イエスはいつも神さまに向かって祈るときに、神さまを「アッバ」と呼んだのですね。このアラマイ語の「アッバ」という言葉は、小さい子が自分の父親を呼ぶときの、「お父ちゃん」とか「パパ」とかいう、親しい呼びかけの言葉です。イエスは自分がそのように祈っただけでなく、弟子たちにもそのように愛と信頼をこめて神さまに祈るように教えました。神さまは一人ひとりの身の上を思っていてくださる、ちょうどやさしいお父さんのような方で、ご自分に信頼する者を決してお見捨てにならないのだ、と教えました。

私たちは、何日までにこれをしてしまわなければならないとか、あの人のことをどうしたらいいだろうかとか、仕事や人間関係でいろいろ思い悩んでいるのですけれども、主イエスは「野の花を見なさい」（マタ6・28－30）とおっしゃるのですね。野辺の草花は小さく、貧しく、明日はどうなるかわからないのに、太陽の光をいっぱいに受けて、今を一生懸命に生きています。そのように、あなたも神さまの恵みをいっぱい受けて生きなさい、とおっしゃるのです。

神さまは一人ひとりのことを思っていてくださって、そして今、悩んでいる私たちのことも気にかけてくださっています。何も心配しないで、天の父のみ心にすべてをお委ねしましょう。そうすれば、きっと天の父が導いてくださるでしょう。今はたぶん試練があるかもしれないけれども、そして、その試練が何のためなのか、わからないかもしれないけれども、思い悩まずに、ただありのままの自分をおささげして、自分の弱さも、自分の今の苦しみも、すべてをお委ねしましょう。天の父がいつの日か、必ず健康と喜びを返してくださることを信じて、希望を持ち続けていたいと思います。

10　親を愛せない

質問　私は現在病気がちで、ずっと家にいる生活です。最近は両親としか過ごしていません。その両親を愛せないでいます。家にいていつも顔を合わせる相手なのに、愛せません。イライラしてすぐに当たってしまって、そういう自分が情けなくて、つらいのです。こんな私を神さまはどう思っていらっしゃるのか、と思います。

百瀬　このご質問をなさった方は、病気がちでずっと家にいる生活ですとおっしゃって、しかも最近は両親としか過ごしていませんというお話ですから、たぶん治療やリハビリが長くかかるご病気で、学校や仕事を休んで実家におられるか、あるいは心の病をもって引きこもっておられる方でしょうか。早くよくなって、学校や仕事場に復帰したいという焦りもあるでしょう。ご両親も心配で、つい、いろいろ口出ししてしまいますし、それで一層イライラがつのるのだと思います。

ご両親に対してイライラして乱暴な言葉遣いや対応をしてしまうのは、こういう状況ではよくあることですし、しかたがないでしょう。そういう自分が情けないとおっしゃる、その自責の念もよくわかります。

ゆっくり静養すること

百瀬　まず心がけなければならないのは、「父母を敬いなさい」とか、「隣人を愛しなさい」とかいう掟を考えることではなくて、今はできるだけよく静養して、心と体の健康を回復することです。もし心の病を患っているなら、早く治ろう、と思って焦ってはいけません。よいお医者さんにかかって、少しずつ自分をコントロールする仕方を身につけて、少しずつでよいから、学校や仕事場に復帰する、ということだと思います。無理にそうしなければならないと思うと、ますます逆効果になるのですけれども。
引きこもっていると、ますます自分を見つめてしまって精神的にも悪循環を繰り返してしまいますから、人との交わりや健全な気晴らしがどうしても必要です。

ご両親は、心配していらっしゃるのでしょう。ときどき口うるさくなるかもしれません。こうしなさい、ああしなさい、とおっしゃるかもしれません。でも、それはあなたを思ってのことでしょうから、それを理解して、「うるさい」と言って突っぱねるのではなくて、いちばん大切なことは、ご自分の健康を取りもどして、自立できるようになることです。ご両親は、いつまでも一緒にいらっしゃるわけではなく、いつかは世を去っていかれるのですから、それを思って、ありがたく、おおらかな心で受けとめればどうでしょうか。

両親は温かく見守ること

百瀬　ひょっとしたら読者の中には、このご両親のような立場の方もいらっしゃるかもしれませんね。子どもの身の上を心配するあまりに、いろいろ口出ししてしまう。ところが、それがかえってプレッシャーになって、子どもをますます追い詰めてしまうことがあります。

確かに親というものは、子どもにいろんな夢を描きますし、この子が自分の夢を実現してくれるよう願っているわけです。ところが、その夢とはまるで違って、子どもがあるときから引きこもりになってしまって、せっかく入った学校にも行かなかったり、あるいは仕事をやめてしまったり、何もしないで家にいたりしますと心配でたまりません。

でも、ほんとうに子どもの幸せを願うのだったら、その子の弱さも欠点も、ありのままに受け入れてあげなければいけないでしょう。出世などしなくていい、成功などしなくていい、ただその子が健康で、幸せであるように、それを願って温かく見守ってあげること、これが、その子のためにいちばん必要なことです。

親は、いつまでも子の傍らにいて世話をやくことができないのですから、その子が自立して生きていくように助けることが大切です。そのためには、その子の潜在的な能力や可能性を信じて、たとえ今は期待に添えないようにみえても、その弱さも苦しみも一緒に受け入れて、一緒に耐えることではないかと思います。おそらくいちばん苦しんでいるのは、その子自身なのですから。うちの子どもはこんなはずではないとか、他の子どもたちは立派にやっているのにとか、そんなふうに考えてはいけないし、素振りにもみせてはいけない。むしろ、大きな心をもって、「あなたがここにいてくれることが私たちの喜びなのだ」、「あなたのありのままでいいのだ」と、受けとめてあげることが、いちばん大切ではないかと思います。

イエス・キリストの福音

百瀬　ご質問では、「こんな私を神さまはどう思っていらっしゃるのか」とお尋ねですから、主イエスの教えに耳を傾けましょう。それは、天の父があなたの痛みをいちばんよく知っておられ、あなたの身の上をいつも心にかけてくださっている、ということです。

今、与えられている試練がどこからくるのか、なぜなのか、私たちにはわからないのですけれども、それをあえて受けいれること、ありのままの自分、自分の弱さも至らなさも、受けとめること。自分はこんなはずではなかったと思う、その現実を受けとめること、神さまが自分をお造りになって、ここに存在させ、愛してくださっていることを、喜んで受けとめることですね。

ひょっとしたら今の苦しみは、将来の自分にとって、とても貴重な経験なのかもしれません。それは私たちには、今はわかりません。でも、もし自分の弱さを知って、その弱さの中で神さまの導きを信じ、より一層神さまに憧れるようになったとしたら、その経験こそ私たちを成長させるものです。どんな成功をしたときよりも、どんなに人にうらやましがられるような仕事をしたときよりも、何もできないで、どれほど自分が弱いものであるかを知って、そこで神さまを賛美することができたら、それこそが幸せなのです。神さまの前で、それこそが人生の最大の宝物なのです。

マタイ福音者の「山上の説教」の中に、次のようなイエスの言葉があります。「求めなさい。そうすれば、与えられる。探しなさい。そうすれば、見つかる。門をたたきなさい。そうすれば、開かれる。だれでも、求める者は受け、探す者は見つけ、門をたたく者には開かれる。あなたがたのだれが、パンを欲しがる自分の子供に、石を与えるだろうか。魚を欲しがるのに、蛇を与えるだろうか。このように、あなたがたは悪い者でありながらも、自分の子供には良い物を与えることを知っている。まして、あなたがたの天の父は、求める者に良い物をくださるにちがいない」(マタ7・7－11)。

何が自分にとって「良い物」なのかは、今はわからないかもしれません。でも天の父は、必ずいちばんよいものを与えてくださいます。そのことを信じて、焦らないで、ゆっくり、しかし着実に、よくなっていただきたいと思います。

吉崎　お家からなかなか外に出られないという方、また、自分のお部屋からもあまり出られないという方、放送局ではそういう方々からのお便りをいただきます。もし外に出られたらずいぶんいいのに、青い空を見ることができたら、外の空気を吸って、小鳥のさえずりを聞いて、そよ風を頬に受けることができたら、それだけでもどんなにいいだろうに、と思うのですが、それができないでいらっしゃる。ずっと小さな空間に閉じこもっていると、一緒に生活している人に対しては、それがご両親であろうとだれであろうと、ついイライラなさるようです。

そういう方のことを、神さまはいちばんよくご存じで、心を痛めてくださっている、ということですね。「こんな自分だから」と言って、いわば自分で自分に点をつける私たちですけど、神さまの見方は違う、ということですね。

それから、このご質問をなさった方は、「両親を愛せないでいます」とおっしゃっているのですが、このような閉塞状態の中でイライラするからやさしくできない、ということなのでしょうか。あるいは、ひょっとしたら、幼いときから虐待を受けたとか、粗末に扱われたり、言葉で何か傷つけられた経験があって、両親をどうしても尊敬できない、愛せない、受けいれられない、ということなのでしょうか。

友だちを愛せないとか、受けいれられないということよりも、自分を生んでくれた目の前の両親を愛せないということは、もっと苦しい自責の念に駆られ、やりきれない気持ちにさせられるのではないか、と思うのです。

赦すことと愛すること

百瀬　もし苦しみの原因が自分だけでなくて、客観的に両親にもあるとすれば、それはもう一つの難しい問題ですね。いわゆる家庭内暴力とか、その他の問題があって、それが原因で自分が深く傷ついている場合だったら、それに対する対処の仕方は違ってくると思います。やはりこれも、ひとりで悩まないで、どなたかにご相談なさったらどうでしょう。信頼できる親しい人、経験のある人、あるいは専門家に相談して、正しく対処することが必要だと思います。

その場合にも、下手に自分を責めないことが大切です。「愛さなければならない」

とか、「赦さなければならない」とか、そういう観念が先立って、これができないでいる自分を責めるというのは正しくない、と思います。

「互いに愛し合いなさい」というキリストの掟は、決して「愛さねばならない」という、自分にはできないような義務を課しているものではありません。そうではなくて、愛とは神さまがくださる恵みの働きです。主イエスは「わたしがあなたがたを愛したように、あなたがたも互いに愛し合いなさい」（ヨハ13・34）とおっしゃいました。それは、主が先に私たちのためにいのちをささげてくださったことによって、私たちが互いに愛し合うことができるようになる、ということです。

自分の中に怒りや恨みの感情が湧いてくるとしたら、それを押し殺して、表面的に取りつくろって、無理に「あなたを愛します」と言ってみても、それは虚偽でしかありません。そうではなく、まず自分の弱さと自分の苦しみ、自分の行きづまりの状態をありのままに受けいれて、それを神さまにすべて打ち明けて、神さまの前で泣いて、しかも、そのような自分を神さまが愛してくださっている、ということを知ったとすれば、そのときに人に対するかかわり方が自然に変わってくるのではないでしょうか。自分を傷つける人、自分にひどい仕打ちをする人に対しても、赦すことができるようになると思います。それは自分の力ではなく、恵みによってできるようになる、ということです。

だから、まずは、自分を責めるのではなく、自分の弱さや醜さをありのまま受けとめて、こういう自分、人に対して怒ってしまう、恨んでしまう、どんなに努力しても繰り返してしまう、そういう自分を神さまの前に打ち明けて、「主よ、あなたの力をお与えください」とお祈りすることが大切だと思います。

吉崎　どうしてもまじめに信仰をもとうとする方、まじめな生活をしようとする方、正直であろうとか、正しくあろうという心をあまりにも強くもっている方ほど、自分を責めて、これではいけないと、否定的な方向に行ってしまいがちなのですけど、むしろ神さまの前で、無理に努力して自分を変えなくてもよい、このままでよい、神さまはこのような自分をも受けいれてくださっている、ということですね。

百瀬　愛とは、自分の努力によって獲得するものではなく、神さまからの恵みです。それをいただいたら、どのように振る舞うかと考える必要もなく、自然に自分の生き方が愛の生き方になっていくと思います。

11　死にたいと思ってしまう

質問　私は、イエスさまを信じています。でも、些細《ささい》なことで自殺を考えてしまう危うい心をもっています。実際に自殺未遂をしたことが何度もあります。昨日も些細なことがきっかけで死にたいと思ってしまいました。生きる意味がわからなくなり、死にたいと願ってしまうのです。こんな私でも、イエスさまは見捨てずにいてくれるでしょうか。

神の親心を考えること

百瀬　とても、深刻なご質問で、どこまでお答えできるかわからないのですけれども、ご一緒に考えてみましょう。ご質問をなさっている方は、いろいろつらいことがおありなんだろう、と推測します。ご家庭の不幸か、人間関係の行きづまりか、人から受けた傷か、仕事の挫折か、あるいは自分の健康や能力その他に自信がもてなくて、うまくいかないことばかりで、生きていること自体がつらいとか。とくに、この殺伐とした社会で、非人間的なまでの過酷な競争と、成功とか業績とかを最大の価値にする社会の中で、やさしい心や繊細な感性をもった人こそつらくなってしまうし、苦しんでしまうと思うのですね。

ただ、私はそういうとき、自分の親だったら、どう考えるだろうか、ということを思い起こします。私は、幸いに親に大切にされて育ちました。今、自分の教え子たちが大きくなって結婚して、ときどき子どもを連れて訪ねてきてくれるのですが、それを見て、また自分の子どもの時代を思い出すのです。

親たちは子どもができたことをほんとうに喜んで、生まれる前からどういう子が生まれてくるか、名前は何にしようかと言って、わくわくしています。生まれたら、家中でお祝いして、毎日がその子を中心にして動いています。その子が笑うと、「あ、笑った、笑った」と言って喜んでいるし、おなかがすいて泣くと、「よしよし」と言って、一生懸命ミルクなどあげているのですね。初めて言葉みたいなことを話して、

「ママ」とか言ったら、「この子が初めて話した」と言って喜ぶし、「今日はハイハイして、壁のところまで行った」とか、その子のことを喜んでいます。

どの親でもその子が健康に育って幸せになってほしい、と望んでいるのではないでしょうか。けれども、その子が不幸になって、生きているのもつらいとか、死にたいとか言ったら、親たちはどんなに悲しく思うことでしょう。

そう考えますと、やはり私は神さまのことを考えてしまうのです。私たちは、肉体的には親から生まれるのですが、しかし、もっと根本的に「わたし」という存在をお造りになったのは神さまです。だから、私たち一人ひとりは神さまから生まれた、と言ってもいいと思います。私たちが母親の胎内に生を受けるに先立って、神さまは私たちを愛して、私たちを「無」から「存在」へと呼び出してくださった方なのですね。詩編の言葉にあります。「あなたは、わたしの内臓を造り、母の胎内にわたしを組み立ててくださった……胎児であったわたしをあなたの目は見ておられた」(139・13、16)。

神さまは一人ひとりをお造りになり、一人ひとりの身の上を思ってくださっている。そして、神さまにとっては一人ひとりがかけがえのない存在なのだということ。その人が神さまの愛に目覚めて、そして、神さまに向かって生きることを、神さまは望んでいらっしゃるのだということを、もう一度思い起こしたいと思うのです。

また、イザヤ書には次のように言われています。「女が自分の乳飲み子を忘れるであろうか。母親が自分の産んだ子を憐れまないであろうか。たとえ、女たちが忘れようとも、わたしがあなたを忘れることは決してない」（49・15）。

神さまがそのようにおっしゃっています。私たちはこれを、どんなに苦しくつらいことがあっても、忘れてはならない、と思います。

迷いでた羊を見つけた羊飼いの喜び

百瀬　私たちは、イエス・キリストがこの神さまの心を具体的に体現なさった方だ、と信じています。打ち砕かれた心を癒やすために、イエス・キリストは神さまから遣わされたのだと信じています。イエスは特別に独りぼっちの人とか、打ちひしがれた人とか、闇の中に沈んでいる人たちを捜し求め、その人たちの友となろうとしました。
イエスが語ったたとえ話に、失われた羊を捜す羊飼いの話があります。

「あなたがたの中に、百匹の羊を持っている人がいて、その一匹を見失ったとすれば、九十九匹を野原に残して、見失った一匹を見つけ出すまで捜し回らないだろうか。そして、見つけたら、喜んでその羊を担いで、家に帰り、友達や近所の人々を呼び集めて、『見失った羊を見つけたので、一緒に喜んでください』と言うであろう」(ルカ15・4－6)。

イスラエルの地には今でもたくさん羊が飼われて、野辺には羊の群れが草を食《は》んでいて、羊飼いが番をしています。それが、日常に見かける風景です。イエスはそれをたとえに使って、私たち一人ひとりを心にかける神さまのことを語ったのですね。

この迷いでた羊は、きっと谷の深いところに迷い込んでしまって、自分では出られなくなっていたのではないでしょうか。独りぼっちで、疲れて、弱りはてて、ただメーメー鳴いていました。しかし、羊飼いはその一匹のために、他の羊の群れをおいて、野山を捜し歩きます。羊飼いは、メーメー泣いている羊の声を聞いてやってきて、「お前、そんなところにいたのか。待ってなさい、すぐ助けてあげるから」と言って、その羊を抱えおこして、肩に担ぎました。そして、家に帰って、「いなくなった羊を見つけたから、お祝いしよう」と言って、仲間たちと一緒にお祝いしたというわけです。

イエスは、ただそういう美しい話を話しただけでなくて、実際に社会の中で生きる力を失ってしまったような人々、疲れて、傷ついて、孤独で、あたかも失われたかのような人々を大切にして、その人たちに会って、その人たちを励ましました。ですから、イエスと出会った人々は、自分が一人ひとり、神さまから大切にされている、ということを感じたのです。

吉崎　私の小さな経験ですが、私自身は自殺をしようとは思わなかったけれど、母を亡くして三カ月間は母が天国に行ったことの喜びにほんとうに輝いて過ごして、ちょうど三カ月目に、とつぜん私としてはもうすべてがむなしくて、自分はもう生きていても何の意味もないと、そういうふうに思ったのですね。そのときは、今までのイエスさまを信じて祈るという、そういう思いもどこかにすっとんでしまって、祈ることもできないほどにむなしさを経験したのです。

死にたいと思う方は、そういう思いを繰り返し、経験していらっしゃるのかな。私はそこから一週間ぐらいで抜けだして、ふだんの生活に戻ったのですけれども、あの思いをずっと繰り返していたら、どんなにつらいことでしょう。そのときに、「祈りなさい」と言われても、「祈れれば苦労しないよ」という思いでした。だから、死にたいと思ってしまう方には、「どうぞ死なないでください」と願うばかりなのです。

この方が、「こんな私でもイエスさまは見捨てずにいてくれるのでしょうか」と問うてくださったのは、大きな救いだと思いました。

イエスはともに苦しみを担う

百瀬　そういう人のために主イエスは十字架にかかって、十字架の上で苦しみ、闇、孤独を耐え忍んでくださったのですね。福音書の記述によれば、「わが神、わが神、なぜわたしをお見捨てになったのですか」（マコ15・34）という悲痛な叫びをあげて亡くなっていきました。なぜ、そんなに苦しい目に遭わなければならなかったのでしょう。どうして、そんなに惨めな死を経験しなければならなかったのでしょう。

これは、キリスト教の根本的な信仰だと思うのですけれど、実はこのイエスの苦しみ、死を通して、神さまご自身が私たちの苦しみ、闇、挫折、失望、孤独を担ってくださったのです。神さまご自身が、私たちのこの世の中での苦しみと、そして最後は死んでいくという惨めな宿命を自らのみ手に抱きとめ、一緒に担ってくださって、それを救いへと導いてくださった。だから、私たちが今、体験している苦しみも、孤独も、闇も、神さまがイエスを通して受けとめてくださっているのだ、と信じるのです。その苦しみは必ず神さまの全能の力によって、喜び、光、そしていのちへと変えられるのだ、ということを私たちは信じています。

ですから、イエスの苦しみ、イエスの孤独を仰ぐときに、私たちはまた新たに歩みだす力と勇気をいただきます。イエスの十字架を仰ぐときに、私たちはそのことをもう一度思い起こします。「あなたは一人ではない、わたしはあなたと一緒にいる、あなたの苦しみをわたしは一緒に担うのだ」、という主イエスの声が聞こえてきます。「打ち砕かれたあなたを助けるために、あなたと一緒に歩むために、あなたの重荷を一緒に担うために、わたしはこの十字架の上で苦しむのだ」と、主が私たちに語りかけていらっしゃいます。

私たちが元気なときとか、やる気満々のときには、そのことを忘れがちです。しかし、そういう苦しみの中にある方、闇の中にある方は、今は苦しい試練だと思うのですけど、その試練を通して、きっと神さまの愛をもっと深くわかるようになるのではないでしょうか。そして、今その苦しみをキリストの苦しみとともにささげること、自分には何もできなくても、ただ主が一緒に苦しんでくださっていることを信じて、自分の苦しみを主の苦しみに合わせておささげすること、それはどんな祈りよりもすばらしい祈りではないかと思います。

そして、無理に祈らなくてもいいと思いますよ。頭でなくても、心で、あるいは体で、神さまにすべてをおささげして、どうしようもない自分をお受けくださいと言って、ちょうど眠りにつく子どものように、それ以上何も考えないでお任せすればよい。どこにいるのか忘れて寝込んでしまった子どものように、親がその子をそっと抱きあげて、ベッドに寝かせてくれるように、次の日の朝、目覚めたら、「あっ、ここに自分はいるのだ」という、自分の生きている意味が見えてくるに違いないと思います。今はあまり考えないで、あまりお祈りしようと思わないで、神さまのみ手にすべて委ねて、眠りこけたらよいと思います。

いただくパンは人生の旅路の糧

百瀬　私たちキリスト者は、日曜日に教会に行って、そこで聖餐式《せいさん》にあずかります。カトリック教会ではこれを「ミサ」と呼んでいるのですが、ミサは、主イエスが私たちに残してくださったすばらしい贈り物ですね。イエスは自分の死を前にして、弟子たちと別れの食事をしました。そのときに主はパンを取って、「皆、これを取って食べなさい。これは、あなた方のために渡されるわたしの体である」とおっしゃいました。それから、ぶどう酒の杯を取って、「皆、これを受けて飲みなさい。これは、わたしの血の杯、あなたがたと多くの人のために流されて、罪の赦しとなる、新しい、永遠の契約の血である」と言って、与えてくださいました。そして、「わたしの記念として、これを行いなさい」とお命じになったのですね。そのとき以来、弟子たちは集まるたびごとに、主の言葉に従って、パンとぶどう酒をもってミサを祝うようになりました。

このミサが弟子たちを力づけ、団結させ、どのような苦しみや困難にもめげず、信仰を証しする力と勇気を与えました。そして、弟子たちの共同体、キリスト者の共同体、教会が生まれたのです。教会が先にあったのではなくて、まず、ミサを彼らが祝ったときに、それを中心にして、しだいに教会というものができてきたのですね。

だから、キリスト者にとっては教会に集まること、そしてミサに参加することが、大きな力になります。それは、主イエスがなさったように一緒に食事をする儀式ですが、同時に未来の神の国の宴、神の国で神の子らが一緒に食卓を囲む、救いの共同体というものを指し示しています。ですから、今はいろいろな苦しみや悲しみがあるのですけど、私たちはいつか天の国で神さまとともに、そして私たちが互いに楽しく食卓を囲むことができるという、その希望をもって、毎日、毎日歩み続けるのですね。

ミサでいただくパンは、いわば人生の旅路を歩むための糧でしょうか。いろいろな苦しみや試練がありますし、ときには独りぼっちになってしまったり、道を見失ったような気持ちになるときもあるのですけども、いつも主が私たちとともに歩んで、私たちに力を与えてくださっている、ということを思い出しましょう。

個人の信仰に関する質問

12 占いってどうなの？

質問 テレビや新聞などで、占いのコーナーがありますよね。「ちょっとどうかな」と思う占い師もいるけど、そこそこ当たっていたり、「なるほど」と思うこともあります。聖書では禁止されているみたいですが、聖書を読んでも生活のアドバイスになることもあまりないし、ときには大目に見てもらってもいいのではないかなと思います。

百瀬 テレビや新聞などの占いのコーナーですか。別に本気で信じなくても、ちょっと見たくなるというのは、だれでもそうでしょう。だれかいい人と出会わないかとか、何か今年はよいことがないかとか、人によってはおみくじを引いたり、手相を見てもらったりします。嘘《うそ》でもいいから、何か希望のある言葉がほしいとか、思うものです。それは、どの人間にも共通する幸福の願望のようなものでしょう。

神の導きに気づくとき

百瀬　ただ、一つの落とし穴がここにあると思います。運命みたいなものがあるかのように思って、運がいいとか悪いとか言うときには、人は自分の自由と責任という大切なことから逃避してしまいがちです。キリスト教では、それは正しくないと教えています。つまり、人間は神さまによって、自由意志をもった存在として造られました。神さまは私たちが御心にかなった生き方をするように望んでおられますが、私たちはあくまでも自由に、他の選択肢の中から自分のなすべきことを選び取り、また自分の行為には責任をもたなければならないこと、これがキリスト教の教えです。

むしろ私たちキリスト者が信じているのは、一人ひとりが神さまの導きのもとにある、ということですね。神さまは一人ひとりの人間をお造りになって、ご自分のいのちにあずかるように招いていらっしゃいます。そして、その人が気づいていなくても、その人の心の中に神さまへの憧れを植えつけていらっしゃいます。だれでも、人生の歩みの中で、両親、家族、友人など、出会ったいろいろな人たちが愛を注いでくれて、自分の苦しかったときには一緒に苦しみを担って、助け、支えてくれた、そういう経験があるでしょう。そういう出会いや人々との交わりを通して、今の自分があるわけです。それを静かに振り返ってみると、やはり神さまが導いてくださっている、ということを感じます。静かに自分の歩みを振り返ってみると、人生のひとこま、ひとこまに神さまが何か「しるし」のようなものを与えてくださっている、ということに気づきます。神さまは目に見えない方ですが、私たちが祈りの中で注意深く思いめぐらすとき、神さまの望んでいらっしゃることが、目に見える小さなしるしを通して示されているのに気づくのではないでしょうか。

三人の博士の物語

百瀬　そこで思い出すのは、子どものとき学校のクリスマスの劇でやった、マタイ福音書にある博士たちの物語（2・1－12）です。福音が書かれた当時は、星の動きによって人生を占ったり、世界の情勢を占ったりするのが普通だったようです。この博士たちも毎日星を見て、星の動きで何が起こるかということを占ったりしていたのでしょう。

ある夜、彼らは不思議な星が昇るのを見つけました。「あの星はなんだろう」。「あれはユダヤの言い伝えで、王さまが生まれたときに昇る星だ」。「行ってみようではないか」と言い出します。キャラバンを編成して、らくだに食べ物や飲み物を載せて、砂漠を何日も何日も旅しなくてはなりません。その村の人たちは、大騒ぎをし始めます。「あなたたち、星ばっかり見ていたから、頭がおかしくなったんじゃないの」と言う人もいれば、「立派な職業をもって、地位もあって、何が不足なんですか、今までどおりここで生活していたらいいじゃないですか」と言う人もいる。でも、彼らはその星が美しく輝いて、自分たちを招いているように感じるのですね。

砂漠の中はいろいろな試練があって、暑いし、喉も乾くし、大変な苦労をして、旅を続け、最後に星が貧しい馬小屋の上に止まります。博士たちは、馬小屋の中に入って、そこで貧しい夫婦と、生まれたばかりの幼子イエスを見つけて、伏し拝み、喜びに満たされました。

こういう物語なのですけど、私たちに一つのメッセージを語っていると思います。人生には、注意深く観察していれば、神さまがいろいろなしるしを与えてくださっています。心の中に昇る星ですね。ただ、世間の思い煩いや、エゴの欲望や、何かをやり遂げたいとか、獲得したいとかいった野心に捕らわれていると、まるで雲が星を覆い隠してしまうかのように、しるしが見えなくなってしまいます。しかし、清い心をもって求め続けるとき、星は私たちを必ず導いていてくれる。その星に従っていきなさい、というメッセージが語られています。

つい占いなどを信じたくなってしまう私たちですけれども、むしろ大切なことは、人々との出会いや、さまざまなできごとを通して神さまが語りかけてくださっている、そのしるしを見つけること、そして、それを見つけたら、まっすぐにそれに従っていくことではないかと思います。

ちょうど父親が自分の子にいちばんよいものを与えるように、神さまは私たち一人ひとりを見ていてくださって、いちばんよいものを準備していてくださるから、まず神さまの御心を求めて、そして、それを見いだしたら、それにまっすぐに従っていくこと、これが大切なのではないでしょうか。

識別の大切さ

吉崎　「しるし」ということをおっしゃいましたが、占いを通して神さまが私たちに語ってくださる、ということはないのでしょうか。

百瀬　占いに頼ろうとするときの運命論的な考え方と、そうではなくて、神さまの導きに従っていくために、しるしを見せてくださるように祈るのとは、ぜんぜん違いますよ。キリスト教の考え方で言えば、私たちの人生は、神さまと私たちとのあいだの対話の歴史ですね。神さまが導いてくださって、私たちがそれにどのように応えるか、ひょっとしたら、かたくなな心で拒んでしまうかもしれないけれど、それにもかかわらず、神さまはまた違う形で私たちの罪を赦して、回心へと導いてくださる。そのつど織りなされていく神さまと私たちとのあいだの対話の歴史です。だから、清い心で神さまの御心を求めること、「あなたは私に何をお望みなのですか」と尋ね求めて歩んでいくこと、これは占いとまったく違います。

吉崎　「清い心で」というところが、とても大事なのですね。同時に、あまりにも確信的な信仰をもっていると、今度は「祈ったら、これが神さまの御心だ」と、軽々しく言うような傾向もあるような気がするのですけれども。あらゆるところで、神さまのしるしを恣意的に取り出そうとするようなこと、それもおかしいですね。

百瀬　そこで「識別」ということが、大切になってきます。神さまが自分に望んでいらっしゃることは何なのか、そこに自分の考えを読みこむのではなくて、ほんとうに謙虚な心で尋ね求めていくこと、それから、絶えず振り返って、ほんとうにこれが神さまの御心だったのかと、見直していくことが必要ですね。

もし、ほんとうに神さまがお望みだったなら、必ず心に深い喜びが伴います。これが神さまの御心ではないか、と思って一歩踏み出してみて、その道を歩んでいくうちに心が喜びに満たされる、自分がますます生かされてくる、ということを経験したら、これはやはり正しかったのだというしるしですね。

吉崎　もう一つ、この方が生活の具体的な示唆を、聖書の中に求めていらっしゃって、「聖書を読んでもちょっとした生活のアドバイスになることもあまりない」とおっしゃっているのですが。

百瀬　やはり聖書の読み方と祈り方を学ぶことだと思います。聖書は私たちに、すばらしいメッセージを与えてくれています。それを祈りの中で反芻《はんすう》していると、自分にとっての呼びかけに気づくものです。聖書を手に取って、「主よ、どうぞ教えてください、あなたは私に何をお望みなのでしょうか、もしあなたがお望みだったら、私のすべきことを教えてください」と祈ります。そうして、聖書の言葉をゆっくり読んで、思い巡らしていると、「自分はこれをすべきなのではないか」と気づかされます。何も神さまが上から話されるのではありませんが、自分の心の中で気づきます。それは、生活の中での具体的なアドバイスになると思います。

もちろん、先に申しあげたように、それを実行して、ときどき振り返ってみることが大切ですが、心の中に深い喜びがあれば、それは神さまのお望みなのだとわかります。

キリスト教にある素朴な信心

百瀬　ところで、幸福への願いから、占いとかおまじないとかをやりたくなるのは、古今東西を問わず、人間に共通していることですが、キリスト教の伝統

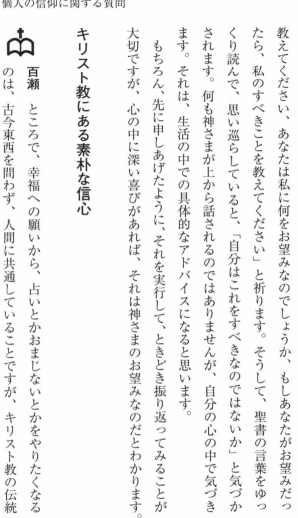

にも、ちょっと似たようなことがないわけではありません。私の属しているカトリック教会では、やはり長い歴史の中で、いろいろな民族の中で発展してきたからでしょうか、人々の素朴な願いとか信心とかを取りいれてきました。だから、たとえば不幸がずっと続くと、神さまの特別のお恵みとお守りをいただくために、司祭に家を祝福してもらったり、特別の祈りをささげてもらったりします。

とくに天国で神さまの近くにいる人たち、私たちが聖人と呼んでいる人たちが一緒に祈ってくれると、何か力をいただきます。神さまの導きを祈るときに、先輩の信仰者たちが私たちと一緒に祈って、取りついでくれるように願う、そういう習慣があります。たとえば、キリスト教国で人気のあるのはパドアの聖アントニオという、十三世紀の聖人でしょうか。この人に取りついでもらうと、なくしたものが出てくる、という信心があるのです。何か物がなくなって困ることが、よくありますね。「私の鍵、どこかにいっちゃった。急ぐのに困った、困った」とか、そういうときに「聖アントニオさま、助けてください」と祈ると、なくなった物が見つかるのです。物忘れの激しい私は、しょっちゅう繰り返しています。

カトリック教会では、困ったときに何よりも聖母マリアに祈ります。ヨハネ福音書には、イエスが結婚の祝宴に招かれていたときの逸話がありますね（2・1―11）。母マリアは裏方でお手伝いをしていて、ぶどう酒が足りなくなったことに気づきます。そこで息子イエスを呼んで、「ぶどう酒がなくなりました」と告げます。イエスなら人々の窮地を救ってくれると思って取りついだという話ですが、福音書の著者の共同体では、すでにマリアの取りつぎを願う習慣があったのでしょう。

吉崎　私も以前はずっと、聖人とかマリアさまにお願いするというのは、おかしいのではないか、と思っていました。でも、実は何か困ったことがあって、だれか信頼する人がいたら、「私のためにお祈りしてください」とお願いするのですね。どうして生きた人にお願いして、先に主のもとに行かれた人にお願いしないのだろうか、と思います。私は、母が自分の信仰の師なので、しばしば「お母さま、お願いします」と言っています。まして、「マリアさま、お願いします」と言って、どこがおかしいのでしょう。いやむしろ、イエスさまにいちばん近い神の母でいらっしゃるマリアさまに、「マリアさま、お願いします」と言うことは、とうぜんのことなのだと思います。

13　お焼香はどうしたら？

質問　仏式のお葬式に参列することがありますが、そのときに焼香したり、遺体に手を合わせることも偶像礼拝になると言われました。亡くなった方をしのんで素直にすることでも駄目で、かといって何もしないわけにもいかず、そういうときはいつも気まずい思いをしています。

百瀬　とても具体的なご質問ですね。ご一緒に考えてみましょう。

他宗教への敬意

百瀬　キリスト教の教派によっては、これについて厳しい考え方をするところがあるかもしれません。でも、現代では少しずつ変わってきているように思います。私の属しているカトリック教会では、一九六〇年代の第二バチカン公会議による刷新のあと、キリスト教以外の宗教にも神さまの導きがある、という立場を取っています。そして、その宗教の習慣に従って、たとえば葬儀のような儀式にも、私たちキリスト者が参加して、彼らの習慣にのっとってお祈りするということは、偶像礼拝にはならない、と考えています。

そもそも神さまは唯一の方であって、すべてのものをお造りになった方です。ですから、キリスト教以外の宗教でも、人がそれぞれの伝統に従って真心をこめてささげる祈りは、やはり尊いものだし、その儀礼や慣習もそのものとして汚れたものではありません。葬儀を執り行っている人々への尊敬と愛のためにも、そのやり方に従って故人を追悼するのは正しいことでしょう。

思い出されるのはマザー・テレサのことです。インドのコルカタでマザー・テレサは、「死を待つ人の家」というものを造って、道端に倒れて死にかけている人を見つけると、連れて帰って、その最期を看取《みと》ってあげました。そのとき、その人がどの宗教を信じているかを聞きだして、たとえばヒンズー教徒だったら一緒にヒンズー教の祈りを唱えましたし、仏教徒だったら一緒に仏教の祈りをされたそうです。亡くなる前にキリスト教に改宗させるとか、そんなことは考えもしなかったのです。その人は、神さまに向かって、その人なりに一生懸命に生きてきたわけですから、その人の信念に従って、その人が生涯向かいあってきた神さまに一緒にお祈りすること、これがマザー・テレサのなさり方だったし、私は、それこそがイエスの求めた愛の心だと思います。

キリスト教の土着化

百瀬　もともと古代世界でキリスト教が広まっていったときに、教会はそれぞれの地域と民族の慣習を取りいれて、それを使ってキリスト教の信仰を表現しました。たとえばクリスマスもそうです。古代ローマにあった太陽神をまつる異教の慣習を取りいれて、その慣習をいわばキリスト教化しました。十二月二十五日は、夜のいちばん長いとき、その時からしだいに日が長くなる、その始まりを祝う太陽神の祭りの日でした。イエス・キリストこそ世の闇を照らす光であると信じるキリスト教は、その異教の祭りの慣習を用いて、イエス・キリストへの信仰を表したのですね。その他にも、たくさんの例をあげることができます。キリスト教が民族や文化の違いを超える普遍的な宗教として広がったのも、それぞれの民族や文化の表現を使って自分の信仰を表現するというやり方が功を奏したのだと思います。

ちなみに、東方に広がったギリシア正教というキリスト教の流れがあります。私たちが普通に知っているキリスト教は、西方に伝わったキリスト教ですけれども、この西方の教会に比べて、ギリシア正教は建物も違うし、典礼も違うし、私たちが何かの儀式に参加すると、まったく違う宗教のように感じてしまうほどなのですね。キリスト教の諸教会が、その信仰は同じであっても、違う民族や違う文化に伝えられたときに、信仰の表現の仕方が違ってきたからです。

同じことが、日本のキリスト教についても言えるのではないでしょうか。ヨーロッパで発展したキリスト教ですが、フランシスコ・ザビエルによって日本に伝えられたときに、日本の風土の中で信仰を表現しなおす必要が求められました。キリシタン時代にはキリスト教の教会もお寺のような建築様式で建てられて、「南蛮寺《なんばんでら》」と呼ばれました。

その後、迫害が起こってキリスト教は弾圧されてしまいましたが、潜伏キリシタンたちは、「オラショ」と呼ばれる祈りを子孫に残しました。オラショとは、ラテン語のオラチオ（祈り）がなまったものですが、現在その資料が発見されて、潜伏キリシタンたちがどのようにオラショを唱えていたかが研究されています。どうやら、現在のキリスト教とはまったく違う、仏教のお経のような調子で唱えられていたようですが、それは彼らがその当時の仕方で自分の信仰を表した、ということでしょう。

現代では、日本のあちこちの教会で地域の慣習を取りいれる試みがなされています。たとえば、日本人は特定の宗教を信じていなくても、新年には神社仏閣に初詣をする習慣がありますね。私が勤めている山口のサビエル記念聖堂では、お正月に初詣の人がたくさん来ます。クリスチャンでない大勢の人が初詣にやってくると、その人たちにおみくじをあげるわけにはいかないのですけど、その代わりに、聖書の言葉を書きこんだ小さな紙切れを巻いて、もちかえってもらっています。

それから、神主さんのように大幣《おおぬさ》を振ってお祓《はら》いをすることこそしませんが、新しい年に神さまの導きがあるように、聖書を読んで、短いお話とお祈りをして、最後に十字を切って祝福いたします。そうすると、とても喜ばれて、けっこう大勢の人が祝福を受けにいらっしゃるのです。

七五三のときもそうです。子どもたちがかわいく着飾って、親たちも喜んで教会に連れてきます。その子どもたちの成長をともに神さまに感謝し、一層大きく、心の美しい人に成長するようお祈りして、頭に手を置いて祝福を与えるのですけど、とても喜ばれます。

そのように、日本に古くからある習慣をキリスト教の教会も取りいれて、これをキリスト教的に解釈して、教会の儀式の中に組み込めば、キリスト教の土着化につながるかと思います。

伝統にのっとった葬儀

百瀬　葬儀もそうです。カトリック教会の葬儀では、亡くなった方との別れに献花《けんか》、つまり花をささげるのが一般的ですけれども、今はしばしば焼香という形でもなされます。もともとキリスト教の古い伝統では、荘厳な典礼の中で、「献香《けんこう》」

と言って、香を炊くことは普通でした。鎖のついた香炉の炭火の上に、香木の樹液から作った粉を注いで、煙をたてて、鎖をもって香炉を振ります。香炉から上るよい香りのする煙は、神さまを賛美する祈りのシンボルです。ですから、仏教の焼香の儀礼も、とてもよく合うと思います。柩《ひつぎ》と遺影《いえい》の前に参列者が一人ずつ進み出て、香を炉にくべ、手を合わせて、亡くなった方が神さまのもとで永遠の安息に入られるよう祈ります。

キリスト教の教会で行われる葬儀だけでなく、他の宗教の葬儀に参列する場合でも同じでしょう。キリスト者であっても、その人々の葬儀の様式に従って焼香し、お祈りしてよいと思います。また、遺骨の置かれている部屋に行って手を合わせるとか、遺影の前で手を合わせるとか、そこには宗教の違いはないでしょう。キリスト者であっても、その人々の慣習に従って故人をしのぶことは正しいことだと思います。

私自身、カトリック司祭として、他の宗教を信じている友人の家族の家に招かれたとき、ご先祖さまの遺影の前でお祈りさせてもらうことがあります。それは、友人には喜ばれますし、そこには宗教の違いはありません。遺影が置かれた部屋で、一緒に何か食べたり、飲んだりするときに、「お父さんにも一杯あげよう」と、お酒を注いで遺影の前に置いてあげるとか、これはもう理屈ではなくて、気持ちです。それを取り立てて迷信と言わなくてもいいでしょう。私たちは、その人をしのんでそうします。神さまのもとでは、みな一つの家族なのです。そして、神さまの前でその人が幸せであることを祈ります。それが偶像崇拝だとは、私は思いません。

今日では、諸宗教のあいだで対話がなされて、日本でもキリスト教の修道者と禅宗の僧侶たちが交流をもつ、そういう集まりがあります。互いの経験を分かちあって、とくに禅の瞑想の仕方、座禅などは、日本人の精神性に合っているものでしょう。それを取りいれてキリスト教の祈りをするということも、さかんになされています。

私が思い出すのは、亡くなった愛宮《えのみや》ラサール神父さまです。ドイツ人の宣教師でしたが、初めは禅寺にいって修行されて、その後、奥多摩の秋川渓谷というところに、座禅の形式でお祈りをする道場を造られたのですね。そこは、建物も、生活も、祈りの仕方も、禅の形式にのっとっています。私もそこで何度かお祈りしたことがあるのですけど、やはり、禅宗に伝わってきたすばらしい祈りの仕方、瞑想の伝統があるのですね。これはキリスト教が取りいれることができるものだし、それを通してキリスト教の福音がもっと豊かになり、日本人にも合う形で深められていくのではないかと思うのです。

信仰の証し

吉崎　実は、私の亡くなった親友がカトリックの信者だったのですけれども、その人の追悼ミサが行われて参列したときに、初めてカトリックの追悼ミサの中でお焼香をしました。そのときから、私自身もこういうご質問をいただくときに、お焼香もご遺族が慰められるのだったら一向に構わない、と言い続けてきたのですね。

でも、ほとんどの日本人は、キリスト者であったとしても、数年前までは仏教徒だったとか、神道だったとかが普通で、亡くなって仏さま、神さまになった故人に向かって手を合わせるのだと、自然にそう思ってきたでしょう。その方があるときからキリスト教の教会に行きはじめ、信仰をもち、洗礼を受け、キリスト者になったとしても、ご家族にはだれもキリスト者はいないという、そういう状況かと思います。そのような方は、このあいだまでは亡くなった故人が仏さま、神さまになったと思ってしていた行為のお焼香を、今日キリスト者になった自分はどうしたらよいのだろう、と戸惑われるかもしれません。

百瀬　なるほど、もっともですね。おっしゃることは、キリスト者として証しをする責任もある、ということでしょう。人間は、ただ心のあり方だけではなくて、動作とか姿勢とか、自分の行いを通して、自分の心を表すものです。キリシタンの迫害の時代には、まさにそうでした。踏み絵を踏めと言われて、心で信じてさえいたら形だけ踏み絵を踏んでもいいではないかと思いがちですが、踏まなかったために拷問され、殉教していった人々がたくさんいます。殉教者たちの生涯を考えると、やはり人間はどこかで本気で、具体的な形で、信仰を表現することが求められるのです。それが、自分に対しても、人に対しても、人間としての忠実の証しでしょう。

　私がお話ししたことは、諸宗教が互いに対話し、互いに学びあうことができる、という状況での話であって、もしそれが迫害下のように、自分の信仰をごまかさずに証しすることが求められる、というような状況であれば違うでしょう。だから、最終的には、その人が状況をどのように判断するかによります。

　柩とか遺影の前で手を合わせてお祈りするということは、キリスト教でもまったく同じ動作ですから、なさってもよいのではないでしょうか。ただ、宗教によって祈りの動作やしぐさが、キリスト者のそれとは違う場合もあるでしょう。それに従うことは、自分の信念をまげることになるのか、それともそこに列席する人々への思いやりとか愛によるものか、そのつど自分でなすべきことをわきまえて、自分の良心の勧めに従って行うことが大切ではないかと思います。

吉崎　パウロが言っているように、「何が神の御心であるか、何が善いことで、神に喜ばれ、また完全なことであるかをわきまえるようになりなさい」（ロマ12・2）ということでしょうか。やはり、やましくない心で、神の御前で確信していることを行いなさい、ということですね。

14 家の宗教との折り合い

質問 私は長男で、実家は田舎にあります。当然のように家には仏壇がありますし、家のお墓はお寺にあります。親はクリスチャンではなく、自分たちが死んだ後はそのお寺のお墓に入って、私がそのお墓参りをするものだと思っているようです。親の気持ちを考えると、いつかは家を継いでお墓を守らなければならないのかと思いますが、そのことと私の信仰はどう折り合いがつくのか、わからないでいます。

百瀬 ご質問をなさっている方は、クリスチャンなのでしょう。家には仏壇があって、家のお墓はお寺にある。長男の自分がそれを守らなければならない。そのことと自分の信仰はどう折り合いがつくのか、というご質問で、日本の教会ではよくあるケースですね。ご一緒に考えてみましょう。

まず家の人たちへの尊敬と愛を

百瀬　他宗教についての考え方は、キリスト教の歴史の中でもだいぶ変わってきたし、現在でもキリスト教の教派によって違うのではないかと思います。

私が属しているカトリック教会では、昔はけっこう厳しい考え方をする時代がありました。キリスト者は仏壇を破棄しなくてはいけないとか、他宗教の家のお墓に納骨するのは許されないとか。でも、第二バチカン公会議の改革で、それぞれの地域の文化や慣習を大切にするという方針が強調され、だいぶ変わってきました。キリスト者であるということと、家の伝統を大切にするということとは、決して矛盾するものではありません。

まず、家の人たちへの尊敬と愛が、それを求めています。仏壇を大切にするということ、お墓を守るということ、それはキリスト者がしてよいだけではなく、とうぜんすべきだと私は思います。神さまは唯一の父であるし、神さまの前にすべての人が神の子だからです。人はそれぞれ、違う環境に生まれ、そこで育ち、その家の宗教の伝統によって先祖をまつっており、やがて自分もそのように葬られるだろうと考えているのです。

キリスト教では、神の国が完成するときに、すべての人が神さまのいのちに参与すると信じています。神の国では、宗教の違いなどありません。

私も、自分の祖父の家を思い出します。祖父は仏教徒で、立派な仏壇を作って、家に置いていました。ただ、祖父はわりと開かれた人だったので、父がクリスチャンの母と結婚したとき、それぞれが自分の宗教に従って、その神さまにお祈りしなさい、と言ったのですね。ですから、仏壇の中に幼子イエスを抱いた聖母マリアの像を入れて、母も、クリスチャンとなった子どもたちも、仏壇に向かってお祈りしていたのです。

要するに目に見える像は、私たちがそれを拝むのではなくて、単なるシンボルにすぎないでしょう。人間が目に見えない神さまを礼拝しようとするときに、弱い人間だから、何か目に見えるものを助けにするのです。十字架を置くとか、聖人の像を置くとか。それを拝むのではなくて、自分の祈りを助けてくれるものとして使うにすぎません。

墓と納骨も親族の信仰を大切に

百瀬　お墓も同じことではないでしょうか。私の父は後で洗礼を受けてクリスチャンになったのですけど、そのときに言ったのですね。「自分は祖父の墓を守っているから、これは壊さないで大切にしたい。しかし、自分が死んだら、自分と家族のために新しくキリスト教の墓石を建ててほしい」。それで、私たちは祖父の墓のすぐ傍らに、すこし小さ目の墓石を建てて、「主の慈しみは永遠」という詩編の言葉を刻んで、父と母の遺骨を納めました。お墓参りするときには、まん中にある祖父のお墓にもお参りしています。

家の墓がお寺に属していて、そこにクリスチャンの家族の遺骨を納めるときは、やはり牧師か司祭にお願いして、キリスト教の儀礼を行ってもらうのがよいでしょう。でも、お寺によってはそれを許さないところもありますね。その場合には、仏式で納骨なさっても構わないでしょう。家族が皆クリスチャンになった場合には、途中で墓石を新しくしてもいいかもしれないし、厳しいお寺でそれが許されないなら、お墓を移してもよいかもしれません。

親や親族が真剣に信じていたら、その信仰を大切にしてあげるということがまず第一だと思うし、生きている人が皆クリスチャンになってしまったら、その時はその時で、キリスト教的なお墓を造ったり、キリスト教の追悼の式をしたりすればよいと思います。

どの宗教でも同じ？

百瀬　そのように言えば、「それでは宗教は皆同じか」、「どんな宗教でもいいのか」と、質問されるかもしれませんね。富士山に登る道は幾つあっても、ずっと登っていけば頂上は同じと言うかのように、同じ神さまだから違う道を行っても同じ救いに至るのではないか、そういうふうに考える人がいるかもしれません。

私は、どの宗教でも同じと申しあげているわけではありません。人間は弱い存在ですから、絶えず悪の力にさらされています。キリスト教では「原罪」と呼ぶのですけど、人間の一人ひとりの努力とか、一人ひとりの善意とか、そういうものに先立って人間を縛ってしまうような悪の力がこの世の中に働いています。これは事実なのですね。人間が一生懸命に神さまに向かおうとするとき、その神さまに向かう心をそらしてしまう、そういう力が働きます。神さまはすべての人をお造りになったし、すべての人を導いていますし、その一人ひとりの心にご自分への憧れを植えつけてくださいました。でも、どうしても利己的に自分の欲望を追い求める、そういった業《ごう》のようなものが人間に働き、人間を縛ってしまいます。そして、なかなかまっすぐに神さまに向かって歩めないのが現実です。

だから、すべての宗教がいつも順調に神さまに向かっていくとは言えないのですね。すばらしい霊性を持った宗教であっても、その中に間違った解釈とか、間違った習慣が混ざってしまうことがあるし、ゆがみや堕落がありうるわけです。もちろんキリスト教の中にもあります。でも、キリスト者はイエス・キリストを通して、もっとも純粋な形で神さまに出会うことができる、と信じています。この信仰の毎日の歩みの中で、神さまとの出会いを一層深めていくべきだと思います。

イエスと出会った喜び

百瀬　主イエスの言葉として次のように伝えられています。「そのとき、イエスは聖霊によって喜びにあふれて言われた。『天地の主である父よ、あなたをほめたたえます。これらのことを知恵ある者や賢い者には隠して、幼子のような者にお示しになりました。そうです、父よ、これは御心に適うことでした』」（マタ11・25）。

このイエスの言葉が語るのは、私たちがよく勉強したから神さまのことを知ったとか、努力したから報われたとか、そういうことではなくて、神さまがご自分の方から無償の恵みをもって示してくださったこと、ご自身を私たちに与えてくださったことです。

私たちはイエス・キリストと出会うときに、それを通じて神さまを知る、そしてイエスとの交わりの中で、神さまの愛といのちをいただく。それがキリスト教の信仰です。キリスト者はこれをただ理屈で信じているのではなく、毎日の生活の中で確かめています。神さまの愛といのちをいただくときに、それが自分にとって、ほんとうに大きな喜びになって、ほかの何ものにも替えがたくなります。

同時に、他の信仰をもっている人への尊敬と愛を忘れてはいけないと思います。他の人がまじめに信仰して、その道を歩んでいたら、それは私たちにはわからないかもしれないけれども、神さまが働きかけて、この人をご自分の方へと招いていらっしゃるのでしょう。その人たちの信仰の話をうかがうと、いろんなことを学ばされます。やはり、その人たちの中に神さまが働いている、その人たちを導いていらっしゃる、ということを感じます。

吉崎　そうすると、「私の信仰とどう折り合いがつくのか」という不安な思いをおもちの方は、いま与えられた信仰を歩みながら、両親の墓はきちんと守るということを、ご両親にお伝えしてよいのですね。

そういう問題を抱えている方の中には、「お墓はお寺に守ってもらうようにお願いした」とか、長男としての権利と義務を、「私はキリスト者だからあなたに譲る」と言って次男に託した方もいらっしゃいますけれども。

墓参りの意味は？

吉崎　それにもう一つ、家のお墓を守るというときには、お寺とのつながりをずっともち続けることになると思うのですが、日本ではやはりお墓参りは、ご先祖を拝むという形でしますよね。この方がお墓参りをなさるときには、どんな心ですればいいのですか。

百瀬　お墓とか遺骨とかは、亡くなった方自身ではなく、その方の形見ですね。亡くなった方たちは私たちには目に見えないし、どういう姿かは想像つかないのですけど、神さまのもとにいらっしゃるのでしょう。亡くなった方のお墓にお参りするときには、お墓や遺骨を目の前にしますから、具体的な形で、いわば濃度の高い形でその方を追悼することができます。もちろん自分の部屋の中でも追悼することはできるのですけど、お墓にお参りして、花を添えて、手を合わせるときには、もっと明確な形をとって、伝統にのっとった仕方で追悼します。

そのときに自分は何を心の中に思っているかと言えば、たとえばそれが両親だったら、自分を生んでくれて、自分を育ててくれて、自分のために一生懸命に尽くしてくれた両親に感謝するし、両親が神さまのもとで安らいでいることを願うし、神さまが両親の生涯の献身を受けとめてくださるように祈ります。そして、神さまのもとにいる両親には、今もこの世でさまざまに苦労している私たちを、愛情と祈りをもって見守ってくれるようにお願いします。その心は、宗教や教派にかかわらず、あまり違わないと思います。

吉崎　ということは、お墓や遺骨を拝むのではないわけですね。お骨という形はあっても、その方はそこにはいない、ということですね。

百瀬　キリスト教では、そのように考えています。墓参りは、一つの追悼の形ですから、遺骨がないときには、その方をしのぶために遺影とか、その方の残した形見のようなものの前でも、同じことができると思います。

吉崎　お墓は亡くなった方を深く思い起こす手がかりになる、ということですね。ですから、ご長男であり、田舎にお仏壇もお墓もある方も、安心して神さまを信じて、同時に家族の皆さんが大事にしているものを大事になさってよいわけですね。

15 あの人を赦せない

質問 職場でどうしても苦手な人がいます。相手も私のことが憎いんじゃないかと思います。イエスさまが赦すと言うとき、この人のことが思い浮かぶのですが、でもダメなのです。赦せないのです。神さまに罪を赦されて感謝しています。でも、現実の自分はそれとは矛盾しています。こんなの、自分のわがままだってことはわかっています。でも、どうしたらいいのでしょうか。こんな生き方しかできない自分が悲しいです。

赦すことと赦されること

百瀬 「こんな生き方しかできない自分が悲しいです」とおっしゃっているように、人を赦せないでいるということは、まず自分が不幸ですね。

私たちには学校や仕事場で、自分と性の合わない人や、自分にひどい仕打ちをする人がいたり、あるいは過去に自分を傷つけた人がいることもありますね。その人のことを考えると、忘れていた怒りがふつふつとよみがえってくるとか、そういうとき、どうしたらよいのでしょう。

私も自分の過去を振り返りますと、私自身がたくさんの人を傷つけてしまったことを思い出すのです。そのときの自分にはよくわかっていなかったこともありますが、いろいろな経験を経て、今になって初めて気づかされるということもあります。自分が傷つけてしまった人々、ある人々は亡くなっていまさら赦しを願うこともできません。ある人々は、もう何十年も音沙汰がなくて、今どこで、どうしているかわかりません。私は心の中で、「申しわけなかった」と詫《わ》びるよりほかないのです。

私はカトリックの司祭として、毎日ミサを行います。ミサは主の晩餐の記念ですけど、そのミサの祭儀のいちばん始めに、自分の罪を告白するという箇所があります。「全能の神と、兄弟の皆さんに告白します。私は思い、言葉、行い、怠りによってたびたび罪を犯しました」。その言葉を、ただ単に祭儀の言葉としてではなくて、私はいつも自分のこととして唱えます。自分が何かを言ったり、何かをして人を傷つけたというだけではなくて、怠りによって犯した罪もあるわけですね。してあげたらよかったのにと思うこと、ほんとうはしてあげるべきだったのに何もしなかったこと、見て見ぬふりをしたこともあります。

こうして、自分がどれほど罪深いものかということに気づきますと、もう人を責めることができません。失礼なことをした人や、自分を傷つけた人や、自分にひどい仕打ちをした人がいても、まず自分自身が赦してもらわなければならないことを思うと、もう私には人を責める資格がない、という気がします。

しかも、こんな自分でも、神さまは赦してくださっています。この弱さ、この醜さのままで、神さまは私を受けいれてくださっているのです。そのことを主イエスが教えてくださいました。

罪びとと一緒に食事をするイエス

百瀬　ところで、主イエスが罪びとたちと一緒に食事をしたエピソードが、福音書の中に伝えられています。徴税人という、当時のユダヤ社会で罪びととして皆に嫌われていた人たちと食事をともにする話ですね（マコ2・13－17）。ファリサイ派のエリートたちはそれを見て、「どうして彼は徴税人や罪びとと一緒に食事をするのか」と批判します。すると、イエスは次のように言いました。「医者を必要とするのは、丈夫な人ではなく病人である。わたしが来たのは、正しい人を招くためではなく、罪人を招くためである」（同2・17）。

ここで「正しい人」とは自分こそ正しいと思って胸を張っている人、「罪びと」とは自分の罪深さを知り、神さまに赦しと憐れみを求める人のことです。イエスは、「正しい人ではなく、罪びとを招くために来た」と言うのですね。

イエスは、父である神さまが罪びとの帰ってくるのを喜んでくださるということを、いつも話しました。よく知られている羊飼いのたとえでは、羊飼いが迷いでた一匹の羊のために、九十九匹の羊を野原において捜しに出かける、と言われます（ルカ15・4－7）。見つけると肩に担いで、大喜びで連れて帰って、家でお祝いします。この迷いでた羊は、罪を犯して神さまのもとからさまよい出てしまった私たち自身ではないでしょうか。この羊を捜しだして連れかえるのは、よい羊飼いであるキリストです。

神さまの前で、「罪びとの私を憐れんでください」とお祈りするときに、神さまは必ず赦してくださいます。私たちの傷をいやし、汚れを洗い清め、ご自分のいのちの喜びを分かち与えてくださいます。これが、主イエスの教えた福音です。

自分がこれほどの罪深い人間であるにもかかわらず、神さまは受けいれてくださっていることを知るなら、自分につらくあたる人とか、意地悪をする人に対して、それをあえて受けいれる、という心をもつようになるのではないでしょうか。そのとき、人の敵意とか、悪意ある仕打ちさえ、受けとめることができます。

それは、自分の努力によってそうするのではなく、やはり恵みですね。人を赦すことができるということは、大きな恵みです。自分のような罪びとをも神さまは赦して受けいれてくださっていると知ったときに、私たちは自然に変えられ、人に対してまったく違うかかわり方をすると思います。

人を赦せるのも恵み

百瀬　キリスト者は、主が教えてくださった「主の祈り」をよく知っていると思います。その中で毎回唱えることですけれども、「私たちの罪をお赦しください。私たちも人を赦します」と祈ります。それは、「私はこれだけ赦しますから、どうぞ私の罪を赦してください」という祈りではなくて、むしろ、「あなたの赦しによって、私たちが互いに赦しあうことができますように」という祈りですね。

ですから、まず神さまの前で、自分の罪深さを知ること、そして、人を赦すことができますように、その恵みをお願いしたいと思います。

吉崎　神さまの前で憐れんでくださいと祈るときに、必ず赦していただけることは、よくわかります。でも、この質問をされた方は神さまに罪を赦されていることを感謝しているけれども、人を赦せない、とおっしゃっています。

百瀬　罪を赦されたと知ることは、自分が根本から変えられる、ということです。ほんとうに自分が神さまに受けいれられて、神の子の交わりをいただいたと知るとき、他の人に対してのかかわり方も変わってくると思います。やはり、それは理屈ではなくて、恵みでしょうね。

吉崎　私自身も、ほんとうに深い傷を受けたことがあって、その人が赦せなくて、赦さなければと思えば思うほど、赦せなくてとうぜんなのだという気持ちの方がもっと強くなってしまって、どうしようもなく、二十年ぐらい苦しんだことがあります。でも、あるとき、ある修道院のお庭を祈りの心で散策していたときに、とつぜん打たれるように、「ああ、私は赦された」と強く感じたのですね。そして気がついたら、その人をすでに赦していたのです。こういうことが赦されるということと、赦すということなのかと、何十年か悩んだ末に経験を通してわかりました。だから、きっとこの方も悩みながら、神さまの前にその経験をいただくのかな、と思うのです。

赦しには和解と償いが伴う

吉崎　でも、他のご質問をされた方は、「自分のように傷つけられ続けた人間がいるのに、クリスチャンは『自分は罪を赦された』と言って、いい気なものだ。自分は心が煮えたぎるほど赦しがたいのだ」とおっしゃっています。自分は神さまに赦されて、「ああ、よかった」と感謝しても、自分が傷つけた人の方は今も傷がうずいているとすれば、どうすればいいのでしょう。

百瀬　そうですね。やはり罪の赦しは、人との和解や償いということと切り離しては考えられないでしょう。たとえば、人のものを壊した場合、お詫びして

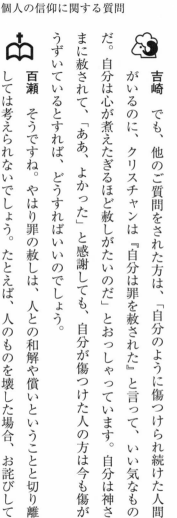

赦してもらったとしても、壊れたものは直りません。それを何かの形で償うのはとうぜんの義務でしょう。償う意志もないのに、ただ赦してもらいたいというのでは、虫がよすぎます。

だから、神さまの前で自分の罪をお詫びするときも、できる限りそれを償うという意志を前提にしています。人を傷つけてしまったら、その人に謝るという決心がなければなりませんし、だれかが自分に対してまだ怒っているとか、悪い気持ちをもっているとすれば、その人のところに行って和解する決心がなければなりません。

ちなみに、カトリックの教会では「ゆるしの秘跡」というものがあって、信者が聴罪司祭のところに行って、自分の罪を告白して、罪の赦しの宣言をもらいます。主イエスは父からの赦しを世界にもたらしたのですが、復活の後、弟子たちに、「父がわたしをお遣わしになったように、わたしもあなたがたを遣わす」（ヨハ20・21）とおっしゃって、「聖霊を受けなさい。だれの罪でも、あなたがたが赦せば、その罪は赦される」（同23）と保証してくださいました。つまり、主イエスは天に上げられた後は、その仕事を弟子たちの手に委ねておられます。換言すれば、復活の主は弟子たちをいわば手足として、その赦しの業をずっと続けていらっしゃいます。それで、弟子たちは後継者たちにもその仕事を継がせ、教会の中に赦しの力というものが働き続けていると、私たちは信じています。それが「ゆるしの秘跡」という形で具現していると考えるのです。

ただ、信者は何度罪を犯しても、司祭のところに行って告白して、罪の赦しを受けることができるのですけれども、一つ条件があります。たとえばだれかにひどい迷惑をかけた、という罪を告白するとします。そうしますと、司祭は神さまの赦しを宣言するに先立って、ちょっとした勧めを与えるのが普通です。犯した罪をできる限り償いなさいと。

もちろん、相手の人がもう亡くなってしまったとか、会うことができないとか、いろんな事情があるでしょうけど、とにかく自分にできる限り償おうという決心は、神さまにお詫びするときのとうぜんの前提だと思います。

16　祈ってもむなしい

質問　最近、祈っても、祈っても、何か孤独を感じ、一向に手応えがありません。とても寂しく、一生懸命祈れば祈るほど、自分の願いばっかりになってしまって、自分の祈りの貧しさに、かえってむなしくなります。「神さま」って叫んでも、すぐには聞かれないもどかしさ、やりきれなさでいっぱいです。

百瀬　このご質問は、信仰の歩みにはつきものですね。信仰者は必ずだれもが、この問題に突きあたると思います。というのは、神さまは一人ひとりの成長の度合いに応じて、導いてくださるからです。

祈りの成長

百瀬　祈っても、祈っても、一向に手応えがないというのは、ひょっとしたら神さまが固い食べ物を与えてくださっているからかもしれません。ちょうど、赤ちゃんにはミルクを与え、子どもが成長すると少しずつ固い食べ物を与えるように、初めの頃はお祈りしたら心が燃えて、お祈りを続けたくなります。ところが信仰に成長してきますと、退屈を感じたり、忍耐が必要になったりします。

私たちの祈りは、ともすれば自己中心になりがちなものなので、神さまは私たちがそのような祈りから抜け出すために、一時的に慰めを取り去られることがあります。ちょうど赤ちゃんが親に甘えて、おなかが空《す》いたら泣いて、寒かったり暑かったりするとまた泣いて、とにかく自分がこうしてほしいと思うことを求めるようです。同じように、ともすれば私たちの祈りは、初めはああしてください、こうしてください、と願うことばかりが先立ちます。けれども、赤ちゃんも大きくなってくると、ほかの人たちのことも思いやらなくてはいけない、あるときは自分の望みを我慢しなくてはいけない、ということがわかってきます。同じように、お祈りの中で成長してきますと、自分の望みばかりではなくて、むしろ神さまのお望みは何だろう、と考えるようになるのですね。ですから、祈りが行きづまったときは、祈りの成長のチャンスかもしれません。

吉崎　そうすると、この方はご自分では、むなしいとか、手応えがないとか思っていらしても、実は神さまの前に、神さまのまなざしの中にいらっしゃるのですね。私たちは、自分の実感とか、気持ちの高揚とか、満たされた感覚とかがほしいので、つい、こういう問いが出てきてしまうのでしょうね。

百瀬　そして、よい祈りとは何かと言えば、その基準も問題ですね。そういうふうに心が高揚して、燃えるような気持ちになることが必ずしもよい祈りではなくて、むしろ何も感じないで、無味乾燥で、退屈で、忍耐しなければならないという祈りが、ひょっとすると、もっと価値のある祈りかもしれません。

なぜなら、心が燃えているときは、神さまが甘い食べ物をくださっているからです。それで、自分は喜んでいるのですけども、もっと大切なことは、何が神さまに喜んでいただけるか、ということでしょう。退屈な祈りかもしれないけれど、それにもかかわらず、神さまが導いてくださっていることを信じて、自分の満足ではなくて、神さまの御心にかなうことを願うなら、そのほうが神さまの前で価値のある祈りかもしれません。

祈りとは何か？

百瀬 この際に、祈りとはいったい何か、ということを考えてみましょう。祈りは、一般には神さまに何かを願うことのように考えがちですが、それは初歩の段階なのですね。もっと根本的には、祈りとは自分を神さまの前に置くことだと思います。

人間が肉体的に育っていくために呼吸が必要なように、神さまの前で霊的に成長するためには、祈りが必要です。祈りは、ちょうど体が新鮮な空気を吸って成長していくように、神さまの息吹をいただいて初めて、神さまのいのちに生かされ、神の子として成長するのですね。

だから、祈りとは神さまとの交わりであって、神さまのまなざしの前にまず自分を置いてみること。ちょうど小さい子が親の見ているところで安心して遊んでいるように、神さまの前に自分を置くこと、神さまと一緒にいること、そして、それを喜び、感謝をもって受けること。祈りとは、神さまの愛をいただくことだ、と言うこともできるのではないでしょうか。

ちょうど寒いとき、外に出て日なたぼっこするように、神さまの恵みをいっぱいに身に受けているうちに、私たちは成長していくし、私たちの自己中心の望みが清められていきます。人を恨んだり、憎んだりする心が、愛する心に変えられていく。ちょうどトースターの中にパンを入れて待っているように、神さまは私たちがゆっくり、こんがり焼けていくのを待っていらっしゃいます。この神さまの愛の中に自分を置くこと、これがまず祈りだ、と思います。

ですから、こうしてください、ああしてください、ということは二の次なのですね。神さまとの交わりに生きていたら、神さまは私たちが願う前にいちばん大切なことをご存じですから、それを必ずかなえてくださるでしょう。だから、「祈っても、祈っても、一向に手応えがありません」と、心配なさらなくてもいいと思います。むしろ、空の手で神さまの前に自分を置くこと、神さまの愛に応えようとすること、そのときに私たちは自然にその恵みによって変えられていくし、必ずそこに神さまの導きをいただくことができるでしょう。

祈りには時と場所と姿勢が大切

百瀬 せっかくの機会ですから、すこし祈りの仕方を考えてみましょう。どのように祈ったらいいのかと、だれしも問うわけで、自分にふさわしい神さまとの接し方を見つけることは大切です。人は祈りの仕方を身につけることによって信仰に成長するし、祈りによって人生の歩みを方向づけます。祈りの中で、自分が何をしたらいいかということを考え、そして、祈りの中でそれを行う力を願う、これが信仰者の人生でしょう。

祈りの仕方を学ぶ上で基礎的なことは、毎日、どんなに短い時間でもいいから、決まった時間にお祈りすることです。とくに朝、起きたときはよいかもしれませんね。五分でも十分でもよいから、「今日一日をおささげします、どうぞお導きください」、と祈る。また夜、眠る前もよいかもしれません。一日のことをちょっと思い出して、よかったことにも悪かったことにも、神さまの導きに感謝して、眠りにつく。祈りたいときに長く祈る、というのではなく、祈りたいときも祈りたくないときも、とにかく自分の祈りの時間を決めておいて、毎日祈るということが大切です。

次に、祈りの場所です。もちろん祈りはどこでもできます。歩きながらでも、電車の中でも、バスの中でもできるのですが、人間は精神だけではなく、やはり体をもった存在ですから、何か形あるものが必要です。祈りの時間を決めておくように、祈りの場所を決めておくことも助けになります。人に妨げられないところに、祈りの場所を作っておいたらよいと思います。まずは自分の部屋でしょうけれども、あまり散らかしていると集中できませんから、やはり、机の上ぐらいは片付けて、十字架を置くとか、壁に掛けるとか、祈りの雰囲気を作ることが助けになります。

それから、祈りの姿勢です。人間は形でもって自分の祈りを表します。確かに、祈りはどんな格好をしていてもできるしょう。寝ながらでもお祈りできるし、タバコを吸いながらでもお祈りできるでしょう。けれども、人間は体をもった存在ですから、まず姿勢から学ばなければならないと思いますね。

古代のイスラエルの人たちは、よく立って祈りました。もちろん座っていてもよいですし、歩いていてもよいのですけど、背中を真っすぐにしている、ということが大切ですね。そして、静かに呼吸して、神さまの前に自分を置くこと、これは基本的なことです。

聖書は多く読むより味わう

百瀬　時間を決めること、場所を決めること、そして姿勢と、三つのことを言いましたけど、これを基本的な準備として、それから祈りの仕方として私がお勧めするのは、聖書を開いて、一節読んでみることです。たくさん読むのではなくて、ただ一節だけでよいと思います。祈りに慣れてくると、聖書の言葉を一節読んだだけで、それが心にずっと広がっていきます。ちょうど水の中に濃いぶどうジュースのエキスを一滴落とすと、コップいっぱいに広がっていくように、聖書の言葉は一節だけで、心を満たすでしょう。

聖書は、小説のように読むものではありません。聖書は続けて読むのではなく、むしろ一句、一句味わってみるということが大切です。そこに、神さまが語りかけてくださるものが何かあるかもしれないからです。

これを、難しい言葉で「念祷《ねんとう》」と呼ぶのですが、心の中で思い巡らしてみるということですね。忙しい人ですと、一日に一時間もお祈りすることは難しいでしょう。一日に十分でもできたら、すばらしいことですね。毎日十分やっていれば、きっと祈りに成長すると思います。

時間を決めておいて、その時間がくるとやめるのですけど、祈りの最後に、思い巡らしたことに従って、神さまと対話します。対話は「口祷《こうとう》」と呼ばれます。自分の心の中で、言葉にして祈りを表現してみるのです。愛の語りかけでもいいし、「主よ、あなたの導きに感謝します」という祈りでもいいし、とにかく言葉にして、心の中でお祈りする。これが、先ほどお話しした願いの祈りになるかもしれません。

最後に、締めくくりのために「主の祈り」を唱えます。

こうして、ある程度の祈りの形を作っておくと、毎日、毎日、繰り返すことによって、神さまとの交わりを深めることができます。その神さまとの交わりの中に、自分がすべきことを知り、それを行う力をいただきます。

吉崎　私は尊敬するカトリックの信者の方から、小さな、素敵な十字架をいただいたのですね。それを自分の寝室の壁に掛けて、まず朝、十字を切って、その十字架を見つめて祈るのが習慣になりました。以前は私のプロテスタントの習慣から、何となく偶像礼拝に近いというように思っていたのですけれども、そうではなくて、その十字架を見つめるときに、私の心がすっとキリストを仰ぐ、一つのポイントに向かうということを、経験を通して知りました。

そして、カトリック教会には修道生活がありますけど、修道者の方にお会いすると、祈りの生活をしていらっしゃる方の、神さまからいただいている清さとか恵みとかのおこぼれを私もいただくような喜びを感じるのです。修道者の方々の祈りの生活は、どのようなものなのでしょうか。

修道者の生活の中心は祈り

百瀬　それは修道会によって違うのですけど、根本的にはどの修道者もやはり祈りというものが生活の中心で、その祈りの中で自分のすべきことを教えられて、それに向かう、そして、それを行う力をお願いします。

今、私が住んでいる山口には、近くにカルメル会の修道院があります。そこには、シスターたちが十数人いらして、毎日ミサがあるので、そのミサのために私はしばしば呼ばれて参りますが、カルメル会は「観想修道会」と呼ばれるものの一つで、シスターたちは生涯その修道院の中で祈りの生活を過ごされます。ほんとうに祈りの生活をしていらして、ご一緒にミサをささげるとき、彼女たちからお祈りの息吹のようなものをいただきます。そして、ミサが終わったあとに、自分が力づけられて帰ってくるのですね。

シスターたちの神さまとのかかわりに生きている喜び、その祈りの言葉と歌声が天に向かってささげられる賛美そのもののような気がして、それに参加させていただくと、自分も力をいただくのです。

もし興味がおありでしたら、修道院を見学なさったらよいと思います。カルメル会とかトラピスト会とか、前もって電話してお願いしておけば見学させてくださいますし、ミサにも参加させてくださいますから。

それからもう一つ、何か困ったことがあったら、シスターたちにお祈りをしていただくことをお勧めします。たとえば何か困った状況に置かれているときとか、シスターたちにお願いすると、一生懸命にお祈りしてくださって、かかえていた問題が自然に解決するのです。ふだん神さまに近いところにいる人たちの祈りは、大きな力をもつのですね。困ったことがあったら、一人で悩んでいないで、そういうところに行って打ち明けて、お祈りをお願いしてきたらよいと思います。

17　罪がぴんとこない

質問　私は、ずっと品行方正でやってきたとは言いませんが、警察にお世話になったことはありません。またそんなに強欲なつもりもなく、ほどほどの生活で、そこそこ幸せをつかめれば満足です。だから、「悔い改めよ」とか言われても、なんかぴんとこないのです。

百瀬　これは、たぶん現代の日本人が普通にいだく疑問ではないでしょうか。キリスト教の教会に行くとやたらに罪の話を聞かされて、私たちは罪びとだから悔い改めなければならないと説教されて、暗い気持ちになってしまう、と言う人がときどきいるのですね。一つには教会での説教や、教理の説明の仕方にもよると思いますけど、誤解を避けるために、まず罪とは何か、また、悔い改めとは何か、ということを考えてみましょう。

罪とは？

百瀬　イエスの時代のユダヤ人たちにとっては、宗教と社会とが密接に結びついていました。人々は皆、創造主である神さまを信じていましたし、その神さまが自分たちを特別に選び、ご自分の愛する民として導いてくださっている、ということを信じていました。そのような深い信仰があるときにのみ、人は神さまの前で自分の罪深さを知ります。つまり、自分が神さまの特別な愛を受けていながら、その愛に応えていないこと、その愛と導きに従わずに、自分の欲望のままに生きていることに気づくわけです。

罪の意識は、そこから生まれてきます。アウグスティヌスの時代もそうだったし、ルターの時代もそうでした。現代人と違って、キリスト教の伝統の中で、人間はもっと神さまの前で自分を罪びととして意識していました。たとえばルターにとって、どのように罪を赦されて、神さまとの正しいかかわりを回復することができるか、ということが、生きるか死ぬかの真剣な問いでした。

西方のキリスト教の伝統では「原罪」という教えが定着するとともに、一人ひとりの人間が自分の力ではどうしても逆らうことができない罪の力に縛られている、ということを意識するようになりました。だから、イエスの十字架によって罪の赦しがもたらされたということ、信仰によって私たちが罪の赦しをいただき、もう一度神さまとの交わりを回復するのだ、ということが強調されました。

それはキリスト教がヨーロッパで発展していった過程で、一つの強調点だったのでしょうね。たとえば東方教会、スラブ民族やロシアに伝わったギリシア正教の伝統を見ますと、神さまの栄光とかキリストの復活、そして人間の聖化、あるいは神化ということがもっと強調されました。そもそもキリスト教の信仰は、私たちの罪とキリストの十字架による贖《あがな》いということだけでなく、私たちが神さまの栄光に招かれ、キリストの復活がこの栄光への招きを約束するできごとだったということ、その両側面があると思います。

他方では、アウグスティヌスやルターの時代と違って、現代人が罪の意識をあまりもっていないということは、決してよいことだとは私は思いません。社会が世俗化して、人間がすべての問題を自分で解決できるように思い、神なしにも自然科学や技術の進歩によって災いを克服しようとする、そういう考え方になってきているのですね。だから、せいぜい社会の中で、人を傷つけるとか、社会の秩序を壊すということは罪として認めるかもしれませんが、神さまの前で一人ひとりが犯す罪ということは、あまり意識されないのです。

その結果どうなっているかと言うと、人間は物質的な豊かさとか、地位とか業績とか、人からの評価とかに捕らわれてしまって、互いの愛や思いやりを忘れ、社会はますます殺伐として、安らぎを失っています。けれども、人間は神さまなしでは決して幸せにはなりません。人間は神さまに向かって生きるときにのみ、初めて真の生き方をして、そこにほんとうの喜びというものを見いだします。

罪とは何かと言えば、神さまに向かって生きるはずの人間が、その神さまからの呼びかけを無視して、別のものに向かって生きる、そのこと自体ではないでしょうか。この世界には、人間を神さまにそむかせ、神さまへの道からそらさせるような力が働いています。それは自分の力ではどうしようもないような、自分の善意では対抗できないような力です。この自分を疎外する力、自分がそれにあらがいえず引きずられてしまう、そういう力が働いていることに気づいた人間は、キリスト教の伝統の中でこれを「原罪」と呼びました。

そして人間が自由な意志によって、人間を悪へと傾けてしまう力に加担し、神さまから離反するときに、罪を犯します。これは、人間が真剣に自分の生きるべき道を考えたときに、初めて気づくものではないでしょうか。

悔い改めとは？

百瀬　ところで、「悔い改め」は、しばしば悪習に染まった人間、悪いことを繰り返して行っている人間があるとき心を改めて、そういう悪い行いや慣習をやめようと決心することのように考えられがちです。しかし、それは聖書の語る悔い改めとは違います。「悔い改め」とは、むしろ「回心」、すなわち、その人間の生き方の根本的な方向転換です。それまで自己中心で、自分の欲望とか、自己満足を大切にして、自己実現に向かって生きていた人間が、この生き方を転換して、むしろ神さまを中心にして生きる、神さまに向かった生き方をするということですね。

吉崎　この質問をなさった方は、品行方正という言葉を使ったり、警察のお世話になったこともないとおっしゃって、罪ということをそういうふうに考えていらっしゃるのですけど、そうではなくて、神さまに向かうように造られている人間が神さまを無視して、違うところに向かっていること、そのことなのですね。だから、「悔い改め」ということも、間違った方向に向いていた自分が、もう一度神さまの方に向きなおるということなのですね。そうすると、警察にお世話になったことはないけれども、やはり回心が必要なのですよね。

百瀬　この回心ということも、やはり自分が努力してできるものではないでしょうね。回心には、まず神さまの恵みが必要です。神さまの恵みに気づく、神さまが恵みによって、その人の心に呼びかけて、ご自分の方にくることを可能にしてくださる。そして、人間はその恵みに心を開いて、それに応えるのです。

　これは、たとえて言えば、ひよこが卵からかえるときのようでしょうか。わたしはマニラにいたときに、自分の住んでいた修道院に鶏が飼われていまして、卵を一生懸命に暖めて、ひよこがかえってくるのを観察していたことがあります。ひよこは、自分の力では殻を破ることができないのですね。ひよこがそろそろ殻から出るころになると、親鳥のほうでコツコツとつついて、ひよこが殻を破るのを助けてやります。ひよこが殻の中からつつくらしいのですね。そうすると、親のほうはそれを聞いて、外から助けてやる。中からつつくひよこの努力と、親鳥の助けというのは、どちらが先とかいうのではなくて、同時なのです。同じように、神さまが恵みをくださって、私たちがそれに応えることができる。恵みと人間の自由な行為とは一緒になって、回心ということが起こるのではないでしょうか。

回心について美しく描いているのは、ルカ福音書の伝える放蕩息子のたとえ（15・11－32）です。この息子は、身をもちくずして、父親からもらったお金を全部使い果たして、どん底の生活をしているときに初めて気づくのですね。父親の愛がどれほど大きかったか、どれほど自分が恵まれていたかということに気づきます。そして、父のもとに帰ろうと決心します。父親のほうでは、この息子のことを一日たりとも忘れていなかったのです。一日千秋の思いで、息子が帰ってくるのを待ちわびていました。この息子が遠くからとぼとぼと帰ってくる姿を見つけて、飛び出していき、息子を迎えてやるという、感動的な話ですね。

イエスが、このたとえ話で話したかったのは、天の父がちょうど息子の帰りを待っている父親のように、私たちの帰りをいつも待ち望んでいらっしゃること、私たちが帰っていったときには喜んで迎えてくださる、ということです。この父の心、私たちを待っていてくださる父の愛に目覚めること、それが私たちのまず第一歩ではないかと思います。

吉崎　私は、クリスチャンになって長いのに、その自分の罪はただ良心の呵責《かしゃく》で、自分はほんとうにしょうがない者だとか、ずっと思い続けてきたのですけれども。神さまの側で私を招いておられるということは、もっと深いことなのだと、私はほんとうに赦していただかなければ生きられない者なのだと、少しずつ、少しずつわかってきました。その意味では、罪の問題は、むしろ、ずいぶんたってからわかることなのかなと思いました。

百瀬　そうですね、先ほど申しましたように、罪の意識はやはり神さまの愛に目覚めたときに初めて起こってくるものではないでしょうか。そして、それはすでに洗礼を受けてキリスト者になった人たちにとっても、大切なことだと思います。私たちは、いつも自我というものに引きずられがちで、自分の利己心を中心に生きがちな者なのです。毎日の生活の忙しさの中で、いろんな思い煩い、心配などに引きずられて、神さまのことを忘れがちです。そこで、絶えず神さまに立ち戻る回心ということは、洗礼を受けた人にとっても、一生涯の問題だと思います。罪の赦しを必要としないような聖なる人は、この世の中には決して存在しないでしょう。

教会に委ねられた赦し

百瀬　イエスは神さまからの罪の赦しを世にもたらしたわけですけれども、復活の後、天に上げられるときに、弟子たちにその罪の赦しの権能を与えました。「だれの罪でも、あなたがたが赦せば、その罪は赦される。だれの罪でも、あなたがたが赦さなければ、赦されないまま残る」（ヨハ20・23）。弟子たちは罪の赦しを、教会に託された使命として大切にしました。それは歴史の中でいろいろな形を取ったのですけど、私が属しているカトリック教会の中では、「ゆるしの秘跡」という形で伝えられています。洗礼を受けた信者が、洗礼後に犯した罪を司祭のところに行って告白する、そして司祭が教会に与えられた権能に従って赦しを与える、そういう習慣があります。それを通して、天の父の愛の交わりに再び立ち返り、もっと深く神さまを愛することができる、と教えられています。

吉崎　それは、ほんとうにすばらしいことですね。私は、プロテスタントがそういうものを行わないというのは残念に思います。礼拝ごとに罪の告白をして、そして、「あなたの罪を赦された」というお言葉をいただいてから、礼拝を始めるのですけれども。

　このご質問をなさった方にも、もちろん神さまがその罪を示して、導いてくださると思いますが、それ以上に神さまの愛を知ることが大事なのでしょうね。

キリスト教の教えに関する質問

18　聖書は非科学的？

質問　クリスチャンは進化論を認めないって、ほんとうですか？　聖書に書いてあるとおり、地球は六日間でできたとか、本気でそんなことを考えている人が今どきいるなんて、信じられません。何だか、そういう人たちの考え方は狂信じみていて、こわいです。聖書には科学的には目《め》茶《ちゃ》苦《く》茶《ちゃ》なことが書いてあるのに、そんな本を一生懸命読んでいる人たちがいると思うと、不思議でたまりません。

進化論と神による創造

百瀬　まず進化論と創造信仰との問題ですね。ご一緒に考えましょう。確かにいろいろな地層から発掘される化石を分析しますと、古い層で見つかる生物は単純な構造をしているのに、地層が新しくなるにつれて、しだいに生物が複雑な構造をもつようになることが確認されます。そこから、生物が単純なものから複雑なものへとしだいに進化してきたのだ、ということが結論づけられます。

そこまでは信仰の立場と矛盾しないのですが、進化論を唱える人の中には、生物がただ自然の法則で進化して現在の形になったと言って、神さまの存在を抜きにして世界を説明しようとする人々もいます。この立場は、キリスト教の信仰と相いれないでしょう。

アメリカのある州では、教育の場で進化論を教えてはいけないとか、教えるべきだとか、反対派と賛成派が激しく論じあっています。というのは、キリスト教の教派の中でも、原理主義的な考え方をするグループには、聖書の一言ひとことが霊感によって書かれていて、文字通り真理なのだと主張をする人々がいるのです。

けれども、私は進化論と神さまによる天地創造とが矛盾するとは、ぜんぜん考えていません。今日では、たくさんのクリスチャンの科学者たちが、生物の進化をとうぜんのことと認めています。

一つのよい例が、テイヤール・ド・シャルダンという学者です。この人はフランス人のイエズス会司祭でもあり、自然科学者でもあって、かつて北京原人の化石を発見したグループの一人でした。熱烈に進化論を主張したものですから、その当時の教会からは危険思想とみなされて、教職を追われ、最後はアメリカに亡命して、そこで亡くなりました。彼の著作は死後に発行されたのですけど、爆発的な勢いで世界中で読まれて、教会に革命的な考え方の変化をもたらしました。

テイヤール・ド・シャルダンによれば、神さまの創造はプロセスを通してなされます。神さまがただ一回で今ある世界の秩序を創造なさったのではなくて、長い長い歴史を通して、進化という過程を通して創造なさった。だから、原初的な下等生物から、より高等な生物へと進化していく、何百万年、何千万年、何億年のあいだの進化の過程が、決して偶然に起こるのではなくて、それが神さまの創造の業なのだと考えたのです。

そのプロセスは、やはり知れば知るほど、単なる偶然とは考えにくいと思います。私たちの体の動き、一つひとつの体の器官を見てもそうです。私は自分の手の構造がどうなっているか詳しくは知りませんけど、そこに血管があって、筋肉があって、骨があって、神経系統があって、どれほど複雑に機能しているか、考えてみると不思議ですね。そのどこかが少しでも具合が悪くなると、痛むし、うまく機能しないわけですけれども、この今ある私というものが、単に偶然にできあがったとは、考えられません。信仰者には、それが神さまの創造の業なのだ、というふうに考えるほうがずっと自然です。そこで自然科学の見方と、その背後に神さまの導きを見てとる信仰の見方とは、ぜんぜん矛盾しないと思います。

自然科学の見方と信仰の見方

百瀬　私の子どものときの思い出ですけど、家に犬がいたのです。ものすごく毛が長くて、冬は暖かいのですけど、夏になってくると暑いでしょ。そうすると、自然に毛が抜けていきます。そして、家のあちこちに犬の毛の塊が散らかるのです。掃除しながら母が、「神さまってよくしてくださる。犬は自分で着物を着たり、脱いだりできないから、ちゃんと毛が抜けるようにしてくださっている」と言うのです。そうすると、私の父は医者で、その頃はまだクリスチャンではなくて、非常に実証主義的な考え方をする人だったので、それを聞いて、「それは迷信だ。犬は暑くなれば、毛が抜ける、そういう本性があるのだ」と言うのですね。科学的に説明できる、というわけですよ。

私は子どもながらにそれを聞いていて、父親の見方と母親の見方とは別に矛盾しないな、と思ったのです。要するに、なぜ犬の毛が抜けるかは、自然科学的に説明できますけど、そういうふうにお造りになった神さまがいらっしゃって、私の母はそれを直感的に感じ取ったのです。そこで自然科学の見方と信仰の見方とは矛盾しないし、むしろ互いに補いあうものではないでしょうか。自然科学はものの現象を分析し、解明しますが、信仰はその現象の背後にある超越的な存在に心をあげます。だから、もし自分の見方を絶対的なものとしないで、その限界もわきまえていれば、二つの見方は補いあって、もっとバランスのある世界の理解ができると思います。

吉崎　私も、小さいときはやはり教会の中で、進化論は間違っている、と教えられて、自分の信仰と相いれないと思いこんでいた時期があったのですが、今、教えていただいたように、「あ、そうなんだ、世界はいつも神さまの御手の中で動いているんだ」と思うようになりました。

それと、自然科学は、たとえば私が両親の精子と卵子の結合から細胞分裂と成長を経て、こういうふうに生まれてきた、という生物学的な過程は説明しますが、なぜ世界にたった一人だけの「私」という存在がここにいるのか、また、どのように生きたらよいのか、ということについては何も教えてくれないですね。一人の人間が生まれるということは、ほんとうに不思議なことで、両親という二人の人格からもう一人の人格が生まれるのは、やはり神さまの創造の業がそこで行われている、と信じるのですけれども。

科学と聖書

百瀬　ご質問された方は、「聖書には科学的には目茶苦茶《めちゃくちゃ》なことが書いてある」とおっしゃっていますが、これは聖書をどう読むか、ということにかかっているような気がします。聖書学の進歩に伴って、現代では聖書のいわば神話的な表現がかなり合理的に説明されています。たとえば、神さまによる天地創造を描く創世記ですが、それは古代のイスラエル民族が自分たちに伝えられている信仰の言い伝えを用いて、神話的な表現を通して、どのように世界と人間が神さまによって造られたか、ということを語っているのですね。その叙述は、自分たちの人生に対する教訓として、大切な真理を伝えようとしています。

おそらく古代イスラエルの人々にとって第一の関心は、宇宙の始めの話よりも、むしろ自分という存在がどうしてここにあるのか、ということだったのではないでしょうか。だれしも人間は、大人になるにつれ、自分という存在を自覚するようになります。そして、自分はなぜ存在しているのだろう、と問います。まるで記憶喪失の人がどこかへ出かけていって、急に我に返ったかのように、ここにいる自分というものに気づくのですね。自分は今ここに存在しているけど、いったいどこから来たのだろう、また、どこに向かっているのだろう、と問います。そのように問うとき、イスラエルの人々は先祖代々伝えられてきた信仰をもって、「自分がここにいるのは偶然ではない。神さまが自分をお造りになったからなのだ」という答えを見いだしました。そして、「自分はどこに行くのか」と問うとき、「これからも神さまの導きに従って、神さまとの一致、そのいのちの交わりに至るまで歩み続けるのだ」と理解したのですね。これは、すばらしい洞察だと思います。

この信仰の体験と洞察を、古代イスラエルの人々は当時の世界観や、その概念と言葉をもって語り継ぎました。それがしだいに成文化されて、長い年月を経て、今私たちが手にしているような創世記という書物の形に編集されたのです。

だから、自然科学や技術の発達した私たちの時代から見れば、古代イスラエルの人々の表現は非常に神話的で、非科学的と思われるかもしれないけれども、彼らがした信仰の体験と人生の意味への洞察は、すばらしい真理を告げています。現代人が物質主義に目をくらまされて、見えなくなっている超越的なものへの感覚を、彼らは鋭く、研ぎすまされた形でもち続けています。その信仰の証言を、私たちは聖書の中に聞きます。

これが、聖書の読み方の根本ではないでしょうか。何百年も何千年も前の人々の書いたものですから、とうぜん当時の考え方や表現の仕方を使って書かれているわけで、現代の私たちの考え方からすれば、非科学的に見えることはたくさんあるでしょう。しかし、大切なことは、そのような歴史的な制約に縛られているにもかかわらず、彼らが深い信仰の体験をして、その洞察を証言している、ということです。それは、現代の私たちにとっても貴重なメッセージを告げています。

イエスの行った「奇跡」

吉崎　ところで、聖書を読んで、主イエス・キリストがたくさんの奇跡を行ったという記述で、多くの方から「そういう奇跡はほんとうにあったのですか」、「イエスが湖の上を歩いたとか、あなたたちは、そんなことを信じているのですか」というご質問をいただくのですけども。

百瀬　それこそ「科学的には目《め》茶《ちゃ》苦《く》茶《ちゃ》なことが書いてある」と思われるかもしれませんね。だから、聖書の記述をどう理解するか、やはりきちんと学ぶ必要があると思います。

知っておかなければならないことの一つは、そもそも新約聖書が「イエスの復活」への信仰をもって書かれている、ということではないでしょうか。つまり、イエスが十字架の上で亡くなったときに、弟子たちはみんな失望して、信仰も失って、散り散りに逃げてしまったのです。それで終わっていたら、キリスト教は生まれてこなかったでしょう。ところが、歴史家の目から見たら不思議なことなのですが、その後ある時点で、弟子たちが復活の主と出会ったという強い信仰をもって、再び集まってくるのですね。そして、「イエスは神さまによって、死者の中から復活させられた、私たちのあいだに今も生きていらっしゃる」と言いだしたのです。

「イエスの復活」ということは、歴史的に確かめることはできないのですけど、確かなことはそういうふうに確信して、その自分たちの信仰を証言している弟子たちがいるということ、そして、その弟子たちが臆病で、逃げまどっていたのに、今は別人のように強い信仰と確信に満ちて戻ってきて、どのような権力者も学者も弾圧することができないような勇気と力をもって、イエスの復活を公に宣教し始めたことです。新約聖書の文書はすべて、この「イエスの復活」への信仰をもって書かれています。

ですから、イエスが湖の上を歩く話などは、この復活の主が弟子たちに現れた、そのときの体験と重なっているのではないでしょうか。マルコ福音書に伝えられる湖上を歩く話（6・45－52）を読みますと、嵐の中で今にも沈みそうな小舟をシンボルとして、世界の中で迫害されている教会が描かれています。舟は教会のシンボル、海は世界のシンボルでした。この世界でどのような悪の力が教会に襲いかかったとしても、復活の主が一緒にいらっしゃるなら、教会は決して沈むことがないのだ、という確信を彼らは語り継ぎました。

マルコ福音書が書かれたのは、紀元七十年頃ですけども、そのときにはすでにペトロもパウロも殉教していました。いろいろなところでキリスト者の小さな群れは迫害されて、たくさんの人が殉教したのですね。その中で、主キリストへの信仰をこういう形で書き表したのだとすれば、私たちはそこに原始教会の信仰の力強い証言を聞くのです。だから、昔の人が自分の信仰を彼らの仕方で表現していることに気づいて、彼らの語ろうとしている信仰の真髄を聞きとることができたら、それは読む人の一人ひとりに、特別なメッセージをもって呼びかけるに違いありません。そして、そこに神さまからのメッセージを読みとるときに、私たちはこれこそ「神の言葉」、と理解するわけです。

吉崎　すべてが復活の主への信仰によって担われている、ということなのですね。私自身は、きっとこれだけたくさん奇跡のことが語られているから、弟子たちがびっくりするようなことが実際に起こったのだろう、と考えるのですけども。そうすると、聖書を手にするときに、それはただ多くの本の中の一冊というだけでなく、神の言葉を伝える書物に変わる、と言ってよいのですね。

19 皆殺しの神?

質問 ぼくは、旧約聖書の神が恐ろしいです。子どもや老人の皆殺しを命じる神と、イエスが教えた神とが同じだとは、どうしても思えません。神の命令だからといって、人殺しを正当化するというのは、テロを起こして平気な顔をしている人たちと同じように思えます。現代でもキリスト教国といわれる国が戦争を続けていますよね。イエスが教えた神が実は皆殺しの神だったとすれば、とても信仰をもつ気にはなれません。

百瀬 このご質問には幾つかの問題が含まれているので、一つひとつ考えることにしましょう。

旧約聖書をどう読むか

百瀬　確かに旧約聖書の中には、私たちが現代のヒューマニズムをもって読むと理解しにくい言葉も出てきますね。神さまが戦争を命じるだけでなくて、敵を全部滅ぼし尽くさなければならないなどと命じたりする箇所もあります（ヨシュア6・1－5、8・1－2、10・8、11・6、サム上15・1－3など）。

しかし、そもそも神さまがすべての人をお造りになったのであれば、その神さまの前には敵も味方もないはずでしょう。人間のあいだでは敵と味方でも、神さまには愛する子ども同士ですから、戦争を神さまが指示したり、鼓舞したりするはずがありません。

そこで、問題は旧約聖書をどう読んだらよいか、ということが問われます。もちろんキリスト教では、旧約聖書を神さまの霊感を受けて書かれた書物として信じています。けれども、それは決して神さまが天から語られて、人間の著者に筆記させたということではありません。歴史的に見れば、神さまから聖霊を受けて、深い宗教体験をした信仰者たちがその体験を言葉にして表現した、信仰の証言です。イスラエルの民は、自分たちが神さまから特別に愛されて、特別に導かれた民族だと信じて、その信仰を先祖代々、語り伝えました。親から子どもに、子どもから孫にと、何十年、何百年と語り継がれているうちに、これが書きとめられて、編集されました。こうしてイスラエルの民が言い伝えた信仰とその理解を収録したものが、旧約聖書です。

さて、その人たちは自分の信仰を伝えるとき、またその言い伝えを集めて編集するときに、とうぜんにその時代の考え方とか言葉を使って表現します。だから、彼らの信仰の証言は、民族の置かれた状況とか、考え方とか、言葉の使い方に刻印されているわけです。

今から二、三千年も前の諸民族は、絶えず戦いの中で生き延びてきたのですね。戦いに負けたら部族全体が全滅することも、町や村が全部破壊され、焼かれて、住民は殺されるか、捕虜にされて連れていかれるということも、ひんぱんに起こった時代です。その中で、弱小民族だったイスラエルは何度か滅亡の危機に瀕しながらも、自分たちが神さまに導かれて何とか生き延び、成長してきた、と信じています。そして、その歴史を子孫に語り継いで、どのような試練にあっても神さまを信じて生き延びよ、と励ましたのですね。

しかし、信仰者が自分の宗教体験の中で理解したことを言葉にして語り、それが人から人に語り伝えられて、やがて書きとめられるという、その過程で、彼らの宗教体験の解釈に偏りや極端な考え方が混入するのも、不思議ではないでしょう。だから、神さまが戦争を奨励する記述など、それは神さまの意志というよりは、それを神さまの意志と理解した、当時の人々の考え方を反映したもの、と言ってよいと思います。

旧約聖書が書かれ、編集されたのは、今から数千年も昔のことです。その人たちの考え方や表現の仕方は、とうぜんのことながら現代の私たちのそれと大きな違いがあります。だから、正しい解釈の仕方を身につけておかないと、とんでもない誤解を生じます。たとえてみれば、高層ビルの二十階ぐらいのところへ何かを運ぼうと思ったら、エレベーターに乗せていって、二十階に着いて初めて運びこむことができるわけです。聖書を読むときには、時代のギャップをどのように埋めるかということを、いつも考えるはずではないでしょうか。

実は戦争で自分たちの国が勝つように祈るというのは、旧約聖書だけではなくて、歴史の中によくありますね。「私たちの戦争は正しいのだ。正義のための戦争だ」と信じて、「神が私たちの戦争を導いてくださるように」と祈る、いわゆる「聖戦思想」です。

中世の十字軍もそうでした。十字軍は聖地を奪還するために、神さまのご意志に従って戦うのだ、と信じていました。その意向は純粋だったかもしれませんが、そこで神さまを引きあいに出すところが間違いです。

聖戦思想というものは、今日では決して正当化できないでしょう。とくに昔と違って、原子爆弾など、赤ん坊から、動物から、生き物すべてを抹殺してしまう、そういう大量虐殺の兵器が存在している時代に、聖戦などはありえません。

これは、かつて教皇ヨハネ・パウロ二世が、広島を訪れたときに、はっきりおっしゃったことですね。「戦争は死です」。

聖書の言葉というのは、決して天から降ってきた神さまの言葉でなくて、信仰の証しの言葉なのです。その証しは、証した人の歴史の状況に影響されています。だから聖書の言葉をただ字句通りにとらえて、一面的に解釈する見方、これを「原理主義」と呼ぶのですけれども、これがどれほど危険か、ということを知っておかなければなりません。

旧約聖書の神とイエスの神

百瀬　次に、「旧約聖書の神」とイエスの神とは同じだろうか、という問題です。もちろん、それはもちろん、同じ神さまです。そればかりか、他の宗教の神さまも、およそ神さまはただ唯一の方です。ただ、人間が神さまをどのような方として理解するか、ということは人間にかかっています。

キリスト教の立場から言えば、旧約聖書は新約聖書を視点として初めて正しく理解されます。つまり、旧約聖書は、そもそもイエス・キリストに向けて書かれている、ということです。このことは、たとえばルカによる福音の中で、復活の主イエスがエマオの弟子たちに語って聞かせるところですが、「モーセとすべての預言者から始めて、聖書全体にわたり、御自分について書かれていることを説明された」（24・27）と述べられています。つまり、旧約聖書はすべてイエスに向けて書かれ、イエスのことを前もって告げ知らせている、という理解ですね。逆に、イエス・キリストの教えがわかって初めて、旧約聖書のほんとうの意味がわかるようになる、旧約聖書を理解するには新約聖書の信仰を基礎にして読まなくてはならない、ということです。

ここにユダヤ教とキリスト教との違いがはっきり出てきます。キリスト教が信じているのは、イエス・キリストを通して初めて旧約聖書を正しく理解することができる、ということですね。もちろん、ユダヤ教の人々はそう信じていません。ユダヤ教には新約聖書がなく旧約聖書だけが聖書ですから、とうぜんに読み方は違ってきます。

では、イエスはどのように神さまを理解したか、これがキリスト者にとっては鍵となります。イエスは神さまをアラマイ語で「アッバ」と呼びました。「アッバ」という言葉は「お父ちゃん」とか、「パパ」とかいう、小さい子どもが自分の父親を呼ぶときの言葉です。当時のユダヤ人たちは、そんななれなれしい言葉を使って神さまを呼ぶことはしませんでした。しかしイエスは、ちょうど小さい子が信頼と愛をこめて父親を呼ぶように、「アッバ」と言って神さまに向かって祈りました。ただ自分がそのように祈っただけでなくて、弟子たちにもこう祈りなさいと教えました。

父である神さまは、私たち一人ひとりの身の上をだれよりも思っていてくださる方、私たちの必要をだれよりも先にご存じの方で、私たちが愛をもって呼びかけるのを喜んで聞いてくださる方です。小さい子が「アッバ」といって駆けてきたら、お父さんは喜んでその子を抱きあげ、その子に必要なものを何でも与えてやるように。
この父である神さまの前に、すべての人間が兄弟であって、互いに助けあい、愛しあうべきだ、ということをイエスは教えました。敵さえも愛しなさい、と言ったのです。自分に悪を行う者を赦しなさい、だれかが右の頬をたたいたら、左の頬も差しだしなさい、とさえ言ったのです。だから、私たちがみな神さまによって造られたものであることにほんとうに目覚めたなら、民族や思想や宗教が違うからという理由で相手を抹殺することなどは、いかに間違っているかがわかるはずです。私たちはまずイエスの教えから出発して、それから旧約聖書を読むべきだと思います。

吉崎　でも、私はいつも「旧約聖書を読みなさい」と教えられてきて、あまりわからないまま一生懸命読んでいるのです。そこに人間の間違った解釈が混入していると言われますと、ますますわからなくなってしまいます。
たとえば出エジプト記では、神さまがイスラエルの民に、「乳と蜜の流れるところにあなたを導いて行く」と言われますが、そうすると、その地に住んでいた人たちは追い出されることになります。そうすると、神さまがイスラエルだけをかわいがって、他の民族をひどい目に合わせているように考えてしまいますが……。

理解する鍵はイエス・キリスト

百瀬　たぶん旧約聖書だけを読んでいる人の中には、そのような考え方をする人がいるかもしれませんね。私は、旧約聖書をほんとうに理解する鍵はイエス・キリストだ、という立場ですから、「旧約聖書にこう書かれている」と言われても、「ちょっと待ってください、それは、そのときの歴史の状況がこうだったから、こう言われているのだ。しかし、イエスは違う見方をしたではないか」と言いたくなります。

吉崎　そうですね。モーセの教えと言えば絶対だった時代に、イエスが「モーセはこう言っているけど、わたしはこう言う」（マタイ5・21－48）と、繰り返しおっしゃっていますが、それは「旧約聖書を丸呑《の》みにするな」ということですか。

百瀬　丸呑みするというか、字句通りにとらえることが正しくない、むしろ、その心をとらえなくてはいけない、ということでしょうね。旧約聖書の心は確かに神さまの愛だし、その愛が美しく、感動的に描かれているところもたくさんありますよ。だから、まずその心を理解した上で、個々の言葉を理解していく、ということが大切なのではないでしょうか。

吉崎　そうすると、「旧約聖書を読むことも大事にしなければいけない」と言われて、私も毎日、旧約一章と新約一章を読むようにしているのですが、初めて聖書を勉強しようとされる方には、旧約聖書はしばらく読まないように勧めた方がいいのですか。

百瀬　そう言うと、また語弊があるでしょう。やはり読み方を教えてあげることが大切でしょうね。初めて聖書を読む人には、私はまず新約聖書から始めることを勧めますし、ずっと続けて読む人にも、やはり私たちにわからないところがあるのだから、全体の文脈の中で読まなければいけないと言って、少しずつ導いています。そうでなければ、いろんな誤解が生じるのもとうぜんです。

吉崎　まさに、この質問をなさった方がとまどっているのは、そういうことですね。大事なのは、主イエスの告げた福音から理解すること。そして主イエスは愛に徹していらした。だからイエスを深く知る、ということが大切なのですね。でも、それが難しいのですけれど……そのためには、たくさん聖書を読むしかないのですか。

百瀬　いや、読む量の問題ではないでしょう。むしろ、私たちが聖書を読んで、どのように神さまに出会うか、復活され私たちとともにいらっしゃる主イエス・キリストに出会うか、ということだろうと思います。たくさん読んだから神さまに出会う、というわけではないし、逆に、一節だけ読んでも、それをきっかけに神さまに出会う、あるいは主キリストに出会う、ということはありうると思います。

だから、心を開いて、祈りの心を持って読むことが大切なのでしょうね。聖書の一言でその人の生き方が変わるかもしれません。その一言の中に、それを語っている信仰者の証言の心が感じられたら、それを通して主に出会うことができると思います。

私が好きなのはパウロの手紙ですけどね、たとえば「キリストの愛がわたしたちを駆り立てている」（二コリ5・14）という言葉を読むと、パウロがどういう心でこれを書いているかということが、ひしひしと感じられます。パウロが伝えようとしているイエス・キリストが、自分にも伝えられてくる気がします。もし、そのキリストに出会うことができたら、何十回聖書を読むよりも、その一瞬の方が尊いと思います。

吉崎　「神さまが恐ろしい」とお手紙をくださった方が、愛の神さまを知り、その神さまに出会われるといいですね。

20 ユダはどうして弟子に？

質問　イエスさまはどうしてユダをわざわざ弟子にしたのでしょう？　イエスさまが最初から十字架の死を知っていたとしたら、そのお膳立てをしたユダは、救いの完成の最大の功労者ということになりませんか？　クリスチャンからすれば、ユダは裏切り者かもしれませんが、十字架と同じように、ユダの裏切りも予定されていたのなら、ユダはもっとも損な役を押し付けられたわけで、かわいそうです。

史実のイエスの研究

百瀬　まず、どうしてイエスはわざわざユダを弟子にしたか、という問いから始めましょう。そもそも聖書は、信仰者が自分の信仰を伝える目的で書いたものですから、その記述のすべてが史実というわけではありません。現代の聖書学では、この信仰の記述の背後にある史実についての研究が進んでいます。イエスが自分の死を予知していたのだろうか、という問いも、キリスト者にとって大きな関心事の一つです。いろいろな議論はさておき、今日の研究者の大半は、イエスが生涯の初めから十字架の死を予知していたわけではない、と考えています。イエスは神の国を宣べ伝えるために、寝食を忘れて尽くしていました。その時点では、自分の死のことなど考えていなかったようです。

イエスは神の国の福音を宣べ伝え、神の民を再興しようと努めました。弟子たちを召し出したのも、この自分の仕事を手伝わせるためでした。マルコ福音書には、十二人の弟子たちを選んだ話が伝えられていますが、「彼らを自分のそばに置くため、また、派遣して宣教させ、悪霊を追い出す権能を持たせるためであった」（3・14－15）と書かれています。

そこでは、十二人の名前が列挙されていますが、最後に「イスカリオテのユダ。このユダがイエスを裏切ったのである」（同19）と述べられています。イエスは夜通し祈って考えて、イスラエルの十二部族を代表する十二人の弟子を選んだのであって、その時点でユダの裏切りを予知していたとは言えません。

イエスがいつごろから自分の死を自覚し始めたのだろうかという問題も、史実のイエスの研究ではいろいろ議論されていますが、おそらく、いわゆる「ガリラヤの危機」と呼ばれる時期からではなかったかと推測されます。つまり、歴史の研究によれば、始めのうちはイエスの宣教活動は成功して、大勢の人が彼のところにやってきて、熱心に彼の説教に耳を傾けたのですが、ある時点で、その宣教活動に転機が訪れたようです。その頃から、人々はもはやイエスのもとにやってこなくなったし、イエスの説教に耳を傾けなくなっただけでなく、イエスに対して反感さえ抱くようになったのです。それは、イエスが自分を神から遣わされた者とし、モーセにまさる者とし、自分に聞く者は神に聞くが、自分を拒む者は神を拒むという主張をしたからです。

そのときイエスは、なおイスラエルに向かって最後の呼びかけをしようとして、弟子たちの先頭に立ってエルサレムへ向かいました。エルサレムは敵対者たちの集結する場所でしたから、イエスは身の危険を覚悟していたでしょう。洗礼者ヨハネが殺されたことや、多くの預言者たちが殉教したことを知っているイエスは、自分に降りかかってくるであろう運命を、この頃から予知し始めたと推測されます。しかし、イエスはそれを、父から与えられた使命と信じて、エルサレムに向かって行きました。

ユダの裏切り

百瀬　そこで自分が選んだ十二人の一人、ともに親しく生活して、信頼していた者の一人に裏切られたということは、イエスにとって非常に苦しい心の痛みであったに違いありません。四つの福音書がこぞって、ユダの裏切りについて書いています。「あなたがたのうちの一人で、わたしと一緒に食事をしている者が、わたしを裏切ろうとしている」（マコ14・18）。「人の子は、聖書に書いてあるとおりに、去っていく。だが、人の子を裏切るその者は不幸だ。生まれなかった方が、その者のためによかった」（同21）。そのような言葉は、イエスがユダの裏切りを深い悲しみをもって受けとめた、ということを暗示しているのではないでしょうか。

「生まれなかった方が、その者のためによかった」という言葉は、イエスを裏切ってしまうユダの不幸を深く嘆く表現です。その言葉から、すぐにユダが永遠の滅び、地獄に落ちたなどと、結論することはできません。

後になって、イエスの復活というできごとを通して、弟子たちはイエスの死が私たちのための救いのできごとだった、と理解しました。イエスの十字架の苦しみと死を通して、神さまが自ら私たちの死の宿命を担ってくださったこと、そして、罪の力を打ち破ってくださったこと、私たちを救いへと導いてくださったことを信じました。十字架の死は、神ご自身がなさった救いの業だったのだと理解しました。

そこでイエスを裏切り、死へ追いやったユダという人も一役かっているわけです。しかし、だからと言って、ユダの裏切りがあたかも神さまの永遠の計画で定められたシナリオであるかのように考えるのは、正しくありません。

吉崎　いや私も、あの「生まれなかった方がよかった」と言うイエスさまの言葉には、とても胸が痛んで、ユダの誕生とその人生すべてをイエスさまが呪っておられるかのように理解していたのですけども。イエスさまが嘆きの言葉として、胸を痛めておっしゃった言葉と理解してよいのですね。

百瀬　私は、そのようにとらえています。

吉崎　でも、イエスさまは、海の上を歩いたり、死者を蘇《よみがえ》らせたり、たくさんの奇跡をなさったお姿を見ていると、やっぱり神さまと同じような方だから、すべて前もってご存じだった、というふうに考えてきましたし、ユダを弟子に選んだとき、裏切りのことも知っていた、というふうに理解しがちなのですけれど……。

百瀬　イエスがどこまで前もって知っていたのか、という問いに答えるためには、個々のケースについて歴史の研究の成果を待たなければならないでしょう。イエスさまは神さまのような方だからすべてご存じだったと、そういうふうに考えるのはどうでしょうか。むしろ、主イエスをほんとうに私たちと同じ生の人間として受けとめて、この方を通して、神さまが決定的な形でご自身を現されたのだ、と信じるのが正しいキリスト教の信仰だと思います。

神との自由な対話としての歴史

百瀬　私たちはことが終わった後に、これが神さまの救いの業だったと言うのですけれども、人間の歴史はあくまでも、神さまと人間との自由な対話のうちに繰り広げられる歴史なのであって、そこで宿命論とか運命論を唱えるのは、キリスト教の信仰として正しくありません。

聖書の中では、非常に人間的な表現で述べられているとはいえ、神さまが人間の対応によってご自分の計画を変える、ということがひんぱんに見られます。たとえば、アブラハムが神さまと交渉して、神さまが少しずつ折れて、ご自分の計画を変えた話（創18・16－33）とか、モーセが不忠実な民に対して怒る神さまをなだめ、神さまが民の上に下そうとしていた災いを思いなおされた話（出32・7－14）とか。

もちろん、こういう物語はみな、古代イスラエルの民が理解した神さまについての叙述なのでしょう。いわゆる「擬人観」と言って、神さまをあたかも人間に似たものとして想像する見方です。しかし大切なことは、そこで神さまが人間の自由な応答を求めていらっしゃる、ということですね。つまり、神さまが救いの業を勝手になさるのではなくて、いつも人間が信仰をもって応えることを望んでいらっしゃるということです。だから、歴史は、いつも神さまからの恵みと人間の自由な応えとのあいだで繰り広げられていくものだ、と考えるべきでしょう。

私たちは、神さまが全知全能の方であって、私たちがたとえ神さまに背いて過ちを犯しても、それにもかかわらず歴史を導いてくださること、そして私たちの罪を通してさえお導きくださるのだ、ということを信じています。そこで、神さまの恵みと私たちの自由とが、どのようにかかわるのかということは、やはり最終的には神秘でしょうね。明確な解答はない、と思います。

このことについては、昔からさまざまな議論がなされています。たとえば、古代の偉大な教父アウグスティヌスとか、あるいは、近代に入ってからはルターとかカルヴァンなどは、とくに人間の弱さと神さまの恵みの絶対性ということを強調するあまりに、あたかも人間には自由意志がないかのように、究極的にはすべて神さまの摂理の中で動くかのように聞こえる表現を用いました。あたかも神さまが救われる者をあらかじめ選んでおられ、選ばれなかった者は救われない、というかのようで、一般の人には誤解されそうな、ゆきすぎた表現であったかもしれません。

しかし、神さまが初めから滅びる者を予定していたというような、宿命論、運命論をそこから導き出すことは、正しくありません。聖書には、神さまがすべての人の救いを望んでいらっしゃるということが、はっきり書かれています。なぜ自由意志をもってそれを拒んでしまう人がいるのか、それは深い謎で、最終的にはわからないのですけども、あくまでも神さまの方からは、すべての人をご自分の救いにあずからせたいと望んでおられることは、信じてよいことです。

吉崎　それをお聞きすると、何かホッとする気がします。また、それは私たち自身にもかかわってくる、ということですね。

百瀬　そうですね。ユダの裏切りは決して他人事ではありません。やはり私たち一人ひとりの心の奥底に潜んでいる一つの傾向ではないでしょうか。神さまに愛されて、自分の健康も、能力も、与えられている時間も、仕事の機会も、私たちを支えてくださる多くの人たち、家族や友人たちも、すべて神さまからの恵みなのですけど、ともすれば私たちはそれを忘れがちです。その恵みを神さまのため、人々のために用いることをせずに、自分の欲望を満たすためとか、自己実現のためとか、そういう利己的な関心のために使ってしまう傾向があります。このような利己心が働くとき、これはもう神さまからの呼びかけを裏切っているユダの行為なのです。

　ですから、ユダに対して主イエスが嘆かれたお言葉を聞くたびに、やはり私たちも自分のことを振り返るはずです。私たち自身がそこで呼びかけられています。そして、いつも、どのようなときでも忠実でありますようにと、お祈りしなければなりません。

吉崎　そうすると、「父よ、彼らをお赦しください。自分が何をしているのか知らないのです」（ルカ23・34）というお言葉は、ユダのためでもあり、今日を生きる私たちのためでもあった、と考えていいのですね。

百瀬　そのとおりだと思います。主イエスが私たちすべての罪を背負って死んでくださった。だから、ユダの犯した罪もイエスは担ってくださった、と私たちは信じています。ある人が死ぬときまでさまざまな悪業を重ねたとしても、だからと言って、その人が神さまによって裁かれたかどうか、それは私たちが言えることではないでしょう。一人ひとりは神さまの御手の中にある、そして神さまに導かれている、私はそのように信じています。

21 なぜイエスの十字架が救い？

質問 キリスト教のお話は、二千年も前の外国でのできごとですよね。そういう大昔のできごとと、現代の日本の私たちがどこで、どうつながるのでしょう。血もつながっていないし、紀元前と現代とでは、住んでいる世界が違いすぎます。それで「イエスの十字架は全人類の罪のため」と言われても、何だかわかったような、わからないような気分で、はぐらかされた感じです。

百瀬 そうですね。なぜイエスの十字架の死が私たちの救いになるのか、これはキリスト教の信仰の根幹にかかわる問題ですけれども、だれにでも納得していただけるように説明するのは、至難の業です。なぜ二千年も前の人間イエスが担った十字架が、現代の日本に生きる私たちの救いにつながるのだろうか、キリスト者はこれをどのように信じて、どのように説明しているのだろうか、これはとうぜんのご質問だと思います。

パウロによる説明

百瀬　まず、これを説明しようとした最初の人、パウロのことを考えてみましょう。パウロはローマの信徒への手紙で、すべての人間が罪の力に縛られている、と言います（1・18－3・20）。民族や時代の違いを越えて、あらゆる国の、あらゆる時代の人間が罪と死の支配下に置かれている、ということを指摘します。

ユダヤ教の伝統では、これを人祖アダム以来、人間の中に遺伝のように伝えられている罪だと説明しました。人祖アダムは、全人類を代表して、神さまの前で罪を犯し、神に背いたことによって、罪を自分だけではなく、その子孫にも招いてしまった、と説明するのです。

あたかも木の根もとに毒が盛られると、木の幹をつたって、枝葉に至るまで毒が回って、そこに実る果実も毒におかされてしまうかのようです。神に選ばれた者が、民を代表して神の前に立ちます。その人が神に忠実であれば、民は祝福されるけれども、その代表する人が罪を犯せば、その人だけではなく、民全体に災いがもたらされてしまう、と考えるのが普通でした。

このユダヤ教の考え方を使って、パウロはキリストによる救いを説明します。「一人の罪によって、その一人を通して死が支配するようになったとすれば、なおさら、神の恵みと義の賜物とを豊かに受けている人は、一人のイエス・キリストを通して生き、支配するようになるのです」（ロマ５・17）。つまり、アダムの罪のもたらした罪の普遍性という考えを使って、逆にイエス・キリストの救いの普遍性ということを説明しています。

私たちキリスト者は、パウロが言うように、神さまが人類を罪と死の力に縛られた状況から救い出すためにイエス・キリストをお遣わしになったのだと信じています。そして、死に至るまで忠実を貫き通したこの一人の人イエスを通して、神は死の力を打ち破り、イエスを死者の中から復活させることによって、すべての人を永遠のいのちへと招いてくださっています。

吉崎　少し前のことですが、どうしてアダムを通してもたらされた罪に私たちも責任を負わなければならないのか、そんなことは理不尽だと、繰り返し問い続けた方がいらっしゃいました。それをひっくり返して、どうして一人の人イエスを通して、すべての人が救われるのか、そんなことは信じがたい、と考える方がいらっしゃるかな、と思うのですけど。

百瀬　そうですね。イエス・キリストの死というできごとは、全人類の歴史の中では、まるで大海原に浮かぶ小さなあぶくのような存在です。なぜこの小さなあぶくが、海全体を救うような意味をもつのでしょう。どうしてそんな途方もないことを信じられるのでしょう。

どうしてこれが信じられるのか

百瀬　それはまず、私たち自身が、自分の力ではどうしようもないような悪の力に縛られている、ということを経験するからではないでしょうか。これは、アダムの話をもってこなくても、私たちの現実なのですね。この世界に絶えず繰り返されている、民族間の争いや戦争、差別や弾圧や暴力とその報復など、そういう現実を経験します。人間は互いにどうしてこんなにひどいことをするのだろうか。一人ひとりは善意をもって生きているのに、どうして民族のあいだでこれほどの憎しみとか争いがあるのだろうか。多くの人が家や故郷を追われ、家族を分断されて、人間の尊厳などまるでないような暮らしを余儀なくさせられています。貧しい国々に行きますと、そこではわずかの支配者、権力者の下にたくさんの民衆が不正に搾取されたり、自由と機会を奪われたりしてあえいでいます。そういう現実を前にしますと、やはり人間の世界に得体のしれない悪の力が働いていることに気づかされます。

私たち、「先進国」と呼ばれる国々でもそうですね、たくさんの人が見かけの繁栄の中に、消費主義、物質主義に陥って、ほんとうの生きる意味を見失ってしまっています。自分の幸せさえあればいいというような利己的な考え方から、家族の絆《きずな》とか、互いの愛というものが失われていく社会の中で、自分は何を目的にして生きているのだろうか、何がほんとうの生きがいなのか、それを見失ってしまう人も多いと思います。そこには、一人ひとりの善意や努力ではどうしようもないような悪の力が働いている、という事実を経験します。

同時に私たちは、世界が本来はそうあってはならないと心に思っています。人間がまじめに生きている限り、まじめに人生のことを考える限り、やはりこうであってはならない、と思います。そして、自分が人生のすべてをかけて追い求めることのできるような、そういうような価値があってほしい、そういうものを見つけたいと憧れてやみません。どの人間もいつかは迎える死という現実を前にして、ただ業績とか地位とか、そういう現世的な価値が自分の人生を満たすものではないことを知ります。すべてこの世の富も地位も人間関係も過ぎ去っていくのですが、この人生がただ不条理に尽きるものではないということを、私たちはまじめに考える限り、希望せずにはいられません。

私たちのその憧れに、イエス・キリストの福音は応えてくれるものではないでしょうか。イエスが十字架の上で叫んだ最後の言葉、まるで絶望したかのような悲惨な言葉が伝えられています。「三時にイエスは大声で叫ばれた。『エロイ、エロイ、レマ、サバクタニ。』これは、『わが神、わが神、なぜわたしをお見捨てになったのですか』という意味である」（マコ15・34）。私たちはイエスが十字架上で、私たちのために、私たちの一切の苦しみを担ってくださったのだ、と信じています。

これは、実は「イエスの復活」というできごとを通してのみ理解できることです。イエスの弟子たちは、イエスの復活に接して、神さまがイエスの死を通して私たちのために救いの業をなさったと理解しました。神さまご自身がイエスの十字架によって私たちの一切の苦しみ、罪の結果もたらされた死の宿命を担ってくださったこと、そして、私たちの世界の傷も、私たち一人ひとりの人生の孤独も闇も、イエスの復活を通して神さまが祝福へと変えてくださったのだ、ということを理解しました。

このイエスの弟子たちの信仰と証言の中に、私たち自身が人生の中で求めてやまないものへの答えを見いだすのではないか、と思います。

自分の中にある闇

吉崎　この質問をなさった方は、歴史とか空間の広がりの中でいろいろ考えられて、イエスの十字架が自分にどんな関係があるのか、その接点が見いだせない、ということが問題だったかと思います。やはり自分自身を見ること、自分の中にある、人には見せられない暗闇とか、あるいは自分が人生の中で経験した悩みとか迷いをしっかり認識することが大事なのではないでしょうか。

百瀬　そのとおりですね。そこで思い出すのですが、私の尊敬する、ある年配の司祭が話してくださったことです。この方は青年の頃、戦争を体験しました。広島の出身で、原爆の悲惨さを経験され、ご自分のいのちは助かったものの、すべては失われて、その荒廃の中で、これからどのように生きていったらよいかわからなかったそうです。そのときに、自分にとって唯一の救いがキリスト教だった、とおっしゃるのですね。自分の青春、人生の矛盾や苦しみが何を意味するのかわからない、そういう闇の中でイエスを仰いで、イエスが十字架の上で自らのいのちをささげてくださったと知ったときに、それのみが自分の救いだった、と述懐しておられました。

　確かに私たちの世界には、今も闇の勢力が力をふるっています。世界は傷つき、呻《うめ》いています。けれども、イエス・キリストの十字架が私たちに示しているのは、神さまがこの人類の苦しみを放っておかれるのではないということです。神さまは私たちとともにおられ、主イエス・キリストの十字架を通して、私たちの苦しみをともに担ってくださっているのだと信じるから、どんな苦しいときにも絶望しないのです。

　それは、有無を言わせないような、自明な論理ではないかもしれません。けれども、人生の苦しみや、自分自身の闇を知っている者は、その闇の中でも、イエスの十字架に励まし、力、希望を見いだすことができるのではないか、と思います。

吉崎　実は、私もイエスを信じて、いつもイエスを仰いで生きるということを自分の人生の歩みにしたいと思いながら、やはり洗礼のこと、復活のこと、そしてこの十字架のことも、よくわからないという思いを抱いていました。でも、それを問い続け、求め続けている中で、神さまはこの場面、あの場面で、少しずつわからせてくださって、何十年と歩いてきたのですね。

たとえば、数年前にカトリックの教会で聖金曜日のミサにあずかって、主の受難の朗読の中で、会衆である私たちが、「十字架につけよ、十字架につけよ」と一緒に叫んだとき、「ああ、イエスさまを十字架につけたのは、私なのだ」と気づかされました。そういうふうに十字架の恵みをいただいてきて、これからも十字架の理解をもっと深めたいと願っています。

キリストの愛

百瀬　おっしゃるとおりだと思います。四つの福音書がこぞって、イエスの受難と死について、心をこめて詳細に描いていますね。これを読んでいると、書いている著者、あるいはこれを言い伝えている教会が、何とかしてキリストの愛を語ろうとしていることに気づきます。それを読むと、ただ単にこういうできごとがあったという話ではなくて、「実はこの十字架はあなたのためだったのだ」と、今も主が「わたしはあなたのために、この自分のいのちをささげる」とおっしゃっていることを感じるのですね。

パウロは、ローマの信徒への手紙の中で書いています。

「わたしたちすべてのために、その御子をさえ惜しまず死に渡された方は、御子と一緒にすべてのものをわたしたちに賜らないはずがありましょうか……だれが、キリストの愛からわたしたちを引き離すことができましょう。……わたしは確信しています。死も、いのちも、天使も、支配するものも、現在のものも、未来のものも、力あるものも、高い所にいるものも、低い所にいるものも、他のどんな被造物も、わたしたちの主キリスト・イエスによって示された神の愛から、わたしたちを引き離すことはできないのです」（ロマ8・32、35、38－39）。

また、パウロはコリントの信徒への第二の手紙で、「キリストの愛がわたしたちを駆り立てている」（二コリ5・14）と書いています。

自分はなぜ世界に宣教に出かけるか、なぜあらゆる困難をおして福音を宣べ伝えようとしているかと言えば、それは他でもない、キリストの愛が駆り立てている、キリストの愛が自分を包み、自分を促し、そうせずにはいられないという思いなのですね。それは、私たち一人ひとりがキリストの十字架を前にして感じ取るものではないでしょうか。

22 死んだらおしまい？

質問 人は、生まれて、死んで、それでおしまいだ、とある人が言っていました。たぶん、そうなのかもしれませんが、もしほんとうにそうだとしたら、一生懸命生きても、けっきょく何にもならない気がして、とてもむなしくなったことを覚えています。私は特定の宗教を信じたことがありませんが、ほんとうに人は生まれて、死んで、それっきりなんでしょうか？

百瀬 人間にとって、根本的なご質問ですね。キリスト教が立つか倒れるかも、この質問にかかっていると思います。ご一緒に考えましょう。

「いのち」とは?

百瀬　もし人が生まれて、死んで、それでおしまいだとしたら、むなしいですね。おっしゃるとおりです。この世で生きていることがすべてなら、とにかく成功しなくてはならない、富や名誉を手に入れなくてはならない、そう考えてそれぞれ自分の利己的な欲望を追求すると、結局はぞっとするような弱肉強食の冷たい世界になってしまわないでしょうか。

しかし、キリスト教は「永遠のいのち」を信じます。神さまが人間をお造りになったと信じるからです。神さまは一人ひとりの人間を、ご自分のいのちにあずからせようとしてお造りになりました。もしそうであれば、人間には始まりはあるけれども、決して終わりはない、ということになります。神さまがご自分の愛を分かち与える相手としてお造りになったのであれば、人間は死んで消えてしまうはずがありません。

だから、この世のいのちは、この永遠のいのちへと成長するための準備の時だ、というふうに考えます。ちょうど、植物の種のようです。種は地に落ちて芽を出すと、種としてはその形を失います。しかし、その種から新しい植物、新しいいのちが生まれてきます。そのようにキリスト教では、人間が死を通じてこそ、ほんとうの永遠のいのちへと生まれる、と信じています。

したがって、この世界の価値というものが、最終的なものとは考えません。この世での仕事の成功とか、失敗とか、そういうことが人間についての最終的な評価にはなりません。むしろ永遠のいのちこそが、人間の最終的な目標です。この人生は、その永遠の国へと歩む、いわば巡礼の旅のようなものだと、それに向かってこの世を生きるのだと考えます。

イエスのもたらしたいのち

百瀬　イエス・キリストは、現世的な利益のみを求めて自分のところにきた人々に、次のように語りました。「朽ちる食べ物のためではなく、いつまでもなくならないで、永遠のいのちに至る食べ物のために働きなさい」（ヨハ6・27）。

「永遠のいのちに至る食べ物」とは、いったい何でしょうか。何が永遠のいのちを準備するのでしょうか。一言で言えば、私たちがどのように神さまを愛し、またどのように神さまのお造りになった他の兄弟姉妹を愛するか、それだと思います。この世のものはすべて過ぎ去り、消え去っていくものですけども、愛は消え去りません。愛のみが神さまの前で永遠に実りをもたらすものです。

またヨハネ福音書は、イエスの語った言葉として次のような言葉を伝えています。「友のために自分のいのちを捨てること、これ以上に大きな愛はない」（15・13）。もし、この世の人生というものがすべてで、それで終わりだったとしたら、友のためにいのちを捨てることなどは意味がないでしょう。

私たちの目指すものが永遠のいのちであるからこそ、それを準備するものが愛であるからこそ、私たちは愛のためにあえてこの世のいのちをも犠牲にすることができるのです。

イエスがそのように語ったのは、彼自身が十字架の上で、自分のいのちを私たちのためにささげてくださったからです。私たちキリスト者は、イエスが死を通して、私たちに永遠のいのちをもたらしたのだ、と信じています。

復活への信仰

百瀬　実は、これが「イエスの復活」への信仰にほかなりません。「復活」とは一言で言うと、永遠のいのちへと立ちあがらせていただく、ということですね。よく誤解されるのですけど、復活は生き返る、という意味ではありません。死んだ人がもう一度息を吹き返して、この世のいのちに戻る、ということではありません。そうではなく、復活とは永遠のいのちへ新たに造られること、と言えばよいでしょうか。

さきほど植物の種のたとえを用いましたけれど、ちょうど種が新しい植物、まったく違う形の植物になるように、あるいは、いもむしが蝶《ちょう》になるときもそうでしょう。あのいもむしがさなぎになって、ここからまったく違った姿をした、羽をもった美しい蝶が出てきます。そのように、私たちのこの人生での惨めな体は、神さまの新しい創造によって、新しいいのちへ変えられる、というのがキリスト教の信じている「復活」です。

「イエスの復活」への信仰は、イエスが神さまによって復活させられ、神さまの栄光に上げられたということを信じるのですが、それはキリストと結ばれた私たちが、いつかキリストとともに永遠のいのちへ復活させられるであろう、という希望を表現しています。

パウロは、次のように言っています。「わたしたちの地上の住みかである幕屋が滅びても、神によって建物が備えられていることを、わたしたちは知っています。人の手で造られたものではない天にある永遠の住みかです」(二コリ5・1)。あたかも幕屋のように、私たちは地上の住みかである人生、そして自分の体というものをもって生きているのですが、この幕屋はいつか取り壊されるのですね。

けれども、神さまが新しい住みかを準備してくださっています。それを私たちは信じて、神さまの造ってくださる永遠の住みかを希望して歩むのだと、そういうことを言っています。

私たちは永遠のいのちをいただくためにこの世の中に生きていて、この世の中で愛をこめて働けば、その働きは永遠のいのちを準備するものとなります。たとえどんな小さな、どんなみすぼらしい働きであっても、神さまが造ってくださる永遠の建物のための建築素材になるのだ、ということですね。

それを信じるから、キリスト者はたとえ自分のする仕事がたいしたものでなくても、がっかりしません。一人の人間が人生で行うことは、どんなに人のため、世のためと言って努力して働いても、たいしたものではないでしょう。ときには私たちの善意がまったく踏みにじられるような挫折を経験したり、私たちがせっかく築いたものがすべて壊されてしまうとか、ちょうど海辺の砂で造る城のように、一波が来て消し去ってしまうという、そういう経験をすることもあるでしょう。しかし、永遠のいのちを信じる者は、この世界のどんな挫折にも失望しません。永遠のいのちは私たちの築くものではなく、神さまの業であることを知っているからです。

だからと言って、すべて神さまにお任せして、何もしなくてもよい、ただ神さまにお祈りしていればよい、と言うのではありません。むしろ、私たちの一つ一つの働き、一瞬一瞬の行いが、愛をこめて行う限り、神さまの創造の業に参加させていただくこと、つまり永遠の価値をもっていること、これがキリスト教の信仰です。質問にお答えしたことになるでしょうか。

死を超えるいのちへの希望

吉崎　この質問をなさった方は、何の宗教も信じていないとおっしゃっています。でも、もし今日、一生懸命に努力し、明日はこれをしよう、あれをしようと思ったとしても、みんな死で終わってしまうのだったら、とてもむなしいと感じてしまわれるのは、きっとそうではないという、願いと希望と予感をもっていらっしゃるのだと思います。

同時に、そうではないと願いながら、永遠というものはどうやったら信じられるのか、自分が有限であり、私たちが知るあらゆるものが有限であり、永遠というものは私たちの常識や人生や生活からまったくはみ出たことで、唐突に言われても、どうすれば信じられるのか、という思いがここにあるような気がするのですけども。

百瀬　そうですね。どんな人間も、生きている限り、自分の人生が無意味であってほしくない、と思っています。自分の心の中に、自分がここに存在しているということが何らかの意味をもっている、ということを望んでいますし、望まずにはいられないと思うのですね。これは、たとえ自暴自棄になって、この人生が耐えられない、早く死んでしまいたいと思う人であっても、違いはないでしょう。つまり、この人生が終わりになってほしいと思う人は、終わりになったら今よりもう少しましになるかと思っているわけです。ですから、やはりこの人生を超える何かを、つまり死を超えるいのちというものを、暗黙のうちに求めているのではないでしょうか。

ただ、その永遠のいのちを考えるときに、あたかも今の人生がもっと長く続くかのように想像すれば、それはつらいことばかりで、もうたくさんだ、と思うに違いありません。そういうことを言っているわけではないのです。

永遠のいのちのひとしずく

百瀬　永遠のいのちというものを、どのように想像することができるでしょうか。非常に難しいのですが、もしあえて想像するとしたら、たぶん、私たちが人生でたまに経験することのある、だれかを愛する、また、だれかから愛されるという、愛の体験が手がかりになるかもしれません。自分がだれかに受けとめられて、そして、自分の存在をだれかに喜んでもらったとしますね。そのとき、その喜びは人生の中に注がれた永遠というもののしずくです。ほんのわずかな一滴にすぎないかもしれないですけれども。

私たちの人生には、つらいことがたくさんあって、すばらしい、燃えあがるような体験は少ないと思うのですが、やはり自分の生涯を静かに振り返ってみますと、どの人もどこかで、何かそういう体験をしているのではないでしょうか。自分を理解してくれた人、自分のために一生懸命に尽くしてくれた人、自分のために犠牲さえささげてくれた人、そういう人との出会いを、やはり経験しているのだと思います。

まず、自分が親のもとで生まれ育てられたこと、そのことだけでも、愛された体験です。愛を受けたからこそ、今の生があるわけでしょう。それを静かに考えれば、神さまが私たちの人生のあちこちで、永遠のしずくを与えてくださっていることに気づきます。

永遠のいのちが何であるかを、直接にみることはできないのですが、それを希望するための小さなしずくをいただいて、それに向かって歩むこと、それが信仰ではないか、と思うのです。

端的に言えば、永遠のいのちとは神さまのいのちにあずかる、ということでしょう。神さまによって造られた人間、神さまの愛の受け手として造られた人間が、それに目覚め、その愛を感謝と喜びをもって受けとめること、神さまのいのちに生かされること、それが永遠のいのちのひとしずくです。

吉崎　このご質問をなさった方は、「特定の宗教を信じたことがありません」とおっしゃりながらも、心の中に、ほんとうに求めていらっしゃるものをおもちなので、「イエスさま、あなたはどなたですか」、と祈り始めることがおできになればいいですね。

23　復活が信じられない

質問　イエスは死んだのに生き返ったということになっているそうですが、どうしたらそんなことを信じられるのでしょうか？　神さまなのだからというのが理由なのかもしれませんが、何だか現実離れしすぎていて、取りつくしまがない感じです。キリスト教のお話には感動することも多いのですが、こればっかりはどうも素直に受けいれられないのです。

百瀬　「こればっかりは」とおっしゃるけど、むしろ他の何よりも、これこそがキリスト教の真髄なのです。ご一緒に考えてみましょう。

「復活」とは？

百瀬　「復活」という言葉は、よく誤解されることがあるのですが、それは一度死んだ人が息を吹き返したということではありません。人間は、生きている限り新陳代謝を繰り返して成長しますけど、加齢とともに衰えて、やがて死んでいきます。これが自然の流れですが、キリスト教の信じる「復活」とは、その流れが逆戻りするということではありません。そうではなくて、死を通して新しいいのちへ生まれ変わる、ということですね。それは、神さまの新しい創造の業で、「永遠のいのち」をいただくことです。

パウロはコリントの信徒への第一の手紙の中で述べています。「死者の復活がなければ、キリストも復活しなかったはずです。そして、キリストが復活しなかったのなら、わたしたちの宣教は無駄であるし、あなたがたの信仰も無駄です。さらに、わたしたちは神の偽証人とさえ見なされます。なぜなら、もし、ほんとうに死者が復活しないなら、復活しなかったはずのキリストを神が復活させたと言って、神に反して証しをしたことになるからです。死者が復活しないのなら、キリストも復活しなかったはずです……しかし、実際、キリストは死者の中から復活し、眠りについた人たちの初穂となられました（一コリ15・13－16、20）。

つまりパウロは、当時のユダヤ教で信じられていた「死者の復活」という信仰をもとにして、イエスの復活を説明しています。ユダヤ教では、人間が死んだら「死者の国」、あるいは「陰府《よみ》」と呼ばれるところにいくと考えられていました。死んだ人は、善人も悪人も、すべてそこで眠りについているのですが、世界の終末のとき、死者の国にいた人たちが神の前に呼び出され、信仰をもって生涯を過ごした人たちは永遠のいのちをいただき、生涯を弱い者いじめなど悪業を重ねてきた人たちは裁きを受けると信じられていました。

イエスの弟子たちが理解したイエスの復活とは、この終末に起こるはずの死者の復活というできごとがイエスにおいて前もって起こったのだということです。この世界はまだ終末を迎えていないのですが、しかし、歴史の中で唯一、イエスは「初穂」として復活させられ、神の新しい天地創造が、イエス・キリストによって先取られた、ということですね。

「初穂」とは、その年に初めて実った穀物などの穂のことです。ユダヤ人たちは、初めて実った麦の穂を神さまにささげるのが常でした。初穂は、収穫全体を先取るもので、神さまはその初穂をご自分のものとされ、それを喜ばれ、それに続くすべての収穫の実りに祝福を与えてくださる、という信仰です。

このイメージを使って、パウロはイエスの復活を説明します。イエスの復活とは、死者の復活という終末のできごとが先取られたのだと。そして、初穂に続いて収穫があるように、イエスに結ばれたすべての人が復活させられる、という約束を告げるできごとだったのだと。

吉崎　これを聞いて、びっくりなさる方も少なくないと思います。「復活」は、死んだ人が生き返ることとは違う、イエスさまは新しいいのちに立ちあがられたのだと知って、目が開かれた思いです。

でも、「初穂」ということで、パウロは皆が受けいれやすいようにユダヤ教の考え方を使って説明したのだと思うのですけど、その点ではユダヤ教とキリスト教とは同じなのでしょうか。

ユダヤ教との相違

百瀬　「死者の復活」ということはユダヤ教の信仰だったから、その点に関してはユダヤ教もキリスト教も違いがないと思います。ただ、キリスト教がユダヤ教と根本的に違う点は、この死者の復活という終末のできごとがすでにイエスにおいて起こった、と信じるところではないでしょうか。ユダヤ教では、まだ終末を未来に待ち続けているのですけど、キリスト教では、終末はイエスにおいて先取られ、すでに始まっている、今や私たちは終末の時に生きているのだと信じています。

この点が、ユダヤ教とキリスト教との根本的な違いになると思います。当時、ユダヤ教の最高の権威者たちは、神を冒涜《ぼうとく》する者としてイエスを断罪して、十字架にまで追いやったのですね。この十字架につけられたイエスを、神ご自身が死者の中から復活させた、と言うのですから、そのことによって神は、イエスが宣べた福音をすべて正しいものとして確証なさったことになります。イエスの復活というできごとは、神の決定的な「啓示」の業だった、とも言えます。

「啓示」と呼ぶ理由は、まず第一に、そのできごとを通して神さまはご自身がどのような方であるかをお示しになったからです。イエスが生涯を通じて「父」と呼び、その父への信頼と愛をもってお仕えした方は、イエスの信仰が正しいことをお示しになりました。一人ひとりの人間をお造りになり、ご自分のいのちの交わりへと招いていらっしゃる方だということ、この天の父は、私たちがあらゆる地上の価値を超えて追い求め、自分の生と死を超えて信頼するに値する方なのだということ、そういう方であるということをお示しになったのです。

そして第二に、このイエスがだれであるかをお示しになりました。つまり、ユダヤ教が断罪したイエスですが、実はこのイエスこそ選ばれたキリストなのだと、神さまご自身の言葉を語る「みことば」であり、神さまご自身を仲介する「神の子」なのだということを啓示なさったのです。

主イエスがどういう方であるか、ということがイエスの復活を通して啓示されました。すなわち、イエスはただ単に一人の預言者だったのではなくて、このイエスを通して神さまが決定的な救いの業をなさったこと、そして、もはや取り消されることのない、乗り越えられることのない、最終的な啓示を私たちに与えてくださったこと、これを信じるのがキリスト教信仰です。ここに、ユダヤ教と根本的に違う点があると思います。

なぜ復活が信じられるのか

吉崎　そうなると、イエスの復活がほんとうに大事なことなのだと、頭ではわかるかもしれないけど、なぜそれが信じられるのか、という質問に戻ってしまいそうですね。

百瀬　なぜイエスの復活が信じられるのか、これはまさにキリスト教の根幹にかかわる大問題ですね。まず、イエスの弟子たちはなぜそれを信じたのでしょう。

　もちろん、彼らがイエスの復活を信じるようになったきっかけは、復活の主イエスに出会ったことでした。そのできごとは、神さまからの特別な啓示でした。しかし、その啓示が彼らの心の闇を照らし、新しい生き方を可能にし、新しい理解をもたらしたのは、もともと彼らが「死者の復活」の信仰をもっていて、それに生きていたからではないでしょうか。「死者の復活」という希望をもっていたからこそ、イエスがその初穂として復活させられたのだということが、ストンと彼らの腑《ふ》に落ちたのです。

イエスが死者の復活の「初穂」だと言うときに、そこではイエスと結ばれたすべての者がイエスに続いて復活させられるのだという、そういう約束がなされているのですね。人間の究極的な救いとは、この永遠のいのちをいただくことです。確かにこの世界はさまざまに傷つき、苦しみと悲しみに満ち、いわば十字架の立っている世界です。しかし、十字架につけられたイエスを神さまが復活させられたことを通して、神さまはやがてすべての傷を癒やし、新たにしてくださること、私たちの苦しみと悲しみのすべてを新しい創造の息吹によって、神さまの栄光の姿に参与するものにしてくださることを約束しています。

イエスの弟子たちは、復活の主との出会いを通してこれを理解し、自分たちの理解したことを人々に力強く告げ知らせました。弟子たちはもともとガリラヤの漁師で、特別の教養も能力もあったわけではありません。しかも、イエスが十字架につけられたときは、意気地なく逃げてしまった人たちです。この弟子たちが、ある日、強い信仰をもってエルサレムに帰ってきて、人々の前で宣言しました。あのイエスは復活させられて、今も私たちのあいだに生きていらっしゃると。どのような学者も反論することができず、どのような権力者も弾圧することができない力強さをもって、人々に告げました。そして、弟子たちの信仰告白に心打たれた人たちが、次々と仲間に加わって、「教会」が生まれました。

人間はこの世に生を受けている限り、時代や民族の違いには関係なく、だれしも死を超えるいのちというものに憧れているのではないでしょうか。この世界の富や成功がすべてではないこと、それを超えるいのちというものがあること、この矛盾だらけの世に生きる自分の人生が最後にただ消えてしまうものではないこと、自分が生きていることには意味があるのだということを、私たちは希望せずにはいられないのです。

ユダヤ人たちはこの人間の根源的な希望を、「死者の復活」という言葉によって表現したわけですが、そういう言葉を使おうと使うまいと、すべての人が死を超えるいのちというものに憧れていると思います。

イエスの復活というできごとは、そのような私たちの根源的な希望に応え、心の奥底にある琴線に触れる、そういうメッセージでした。ですから弟子たちは、それこそが自分の人生に新しい意味を与えるものとして受けとめたし、そういうものとして人々に力強く宣言したわけです。

これは、現代においても同じことではないかと思います。私たちは、キリスト教の福音を聞くときに、それが自分のいつも憧れ続けていた、心の奥底に宿していた、「死を超えるいのち」への希望に応えるものだ、ということに気づくのではないでしょうか。

吉崎　私は、「イエスの復活はあったのか、なかったのか」という問いは、そんなに考えたことがなかったのですけど、あるとき、この放送を聞いている方から、「吉崎さんは、復活を信じているのですか」と真正面から聞かれ、ドキッとして、「あ、私は主イエス・キリストにもう出会ってしまった」という信仰の経験を改めて思い起こし、出会ってしまったイエスさまは、死人ではなく、生きておられるイエスさまなのだ、と気づかされたのです。

百瀬　私も、何十年もカトリックの司祭として勤めていますと、いろいろな方のご質問を受けます。そして、身につまされて思うのは、どの人も、どのような生き方をしていても、やはり自分の人生が死によって消えてしまうものではない、という望みを心の奥底にもっているということです。そうでなかったら、この人生には何の意味もなくなってしまうし、希望もなくなってしまうし、これ以上、本気で生きていく気力もなくなってしまうのではないでしょうか。ですから、だれしも自分の心の中に、死を超えるいのちというものへの憧れを、おぼろげながらにでももっているのではないかと、いつも思うのですね。

私が子どものときから信じているのは、イエス・キリストが今も私たちのあいだに生きておられ、復活のいのちを与えてくださっていること、私たちがそれに目覚めて、それに向かって生きるように呼びかけておられるということです。

ちょうど教会の鐘楼で一つの鐘が鳴りますと、他の鐘にも振動が伝わって共鳴し始めるように、主イエスの復活の福音もそうだと思います。私たち一人ひとりの心の中には、鐘のようなものがあって、使徒たちが「主は、復活した」「主は生きておられる」と言って鐘を鳴らすと、それを聴いて私たちの心の中にある鐘が共鳴して鳴り出すという、そんなものではないかと思っています。

24 聖霊ってなに？

質問 神さまとイエスは、まあわかります。でも、聖霊ってなんだか、よくわかりません。「霊」といわれて、神さまなのか、お化けなのか、イメージがはっきりしません。それに、実はこの聖霊が神さまとイエスと一つだなど、はっきり言って、わけがわかりません。

「霊」という言葉の意味

百瀬 まず、「聖霊」あるいは「霊」という言葉ですが、これはキリスト教が発明したものではなくて、すでに旧約聖書のいちばん古い思想にあり、何度も聖書の中に言及されています。

それがちょっと理解しにくい原因は、「霊」という日本語の翻訳にあるかもしれません。原語のヘブライ語は「ルアーハ」という言葉で、「息」や「風」など、動く空気を意味しています。風は目に見えないけれども、肌に感じられ、木々を揺り動かします。昔のイスラエルの民は、そういうものの中に森羅万象を生かしている神さまの働きを感じたのです。

たとえば創世記の冒頭には、「初めに、神は天地を創造された。地は混沌であって、闇が深淵の面にあり、神の霊が水の面を動いていた」(1・1－2)と言われます。この「霊」は、ルアーハという言葉を邦訳したものですが、「神の風もしくは息が水の上に吹きあれていた」、とも訳することができる箇所です。また詩編には、「御言葉によって天は造られ、主の口の息吹によって天の万象は造られた」(33・6)と言われます。この「息吹」はやはりルアーハという言葉を訳したものです。天の万象を生み出す神さまの力を表現しています。

また、この神さまの霊は、旧約聖書の中で、神さまによって選ばれた預言者とか王とか、特別の使命を受けた者に注がれ、その使命を実行するために与えられる力として描かれます。たとえばイザヤ書には、来たるべき王について次のように述べられています。「エッサイの株からひとつの芽が萌えいで、その根からひとつの若枝が育ち、その上に主の霊がとどまる。知恵と識別の霊、思慮と勇気の霊、主を知り、畏れ敬う霊」（11・1－2）。また、詩編作者は次のように祈ります。「神よ、わたしの内に清い心を創造し、新しく確かな霊を授けてください。御前からわたしを退けず、あなたの聖なる霊を取り上げないでください。御救いの喜びを再びわたしに味わわせ、自由の霊によって支えてください」（詩51・12－14）。ここでも「霊」は、神さまが私たちの中に働いて、私たちを新たにし、生かしてくださるという働きのことです。

これは古いイスラエルの伝統ですけれども、イエスの時代には、世界の共通語はギリシア語でした。ですから、新約聖書はギリシア語で書かれたわけですが、ヘブライ語の「霊」（ルアーハ）という言葉は、ギリシア語で「プネウマ」という言葉に翻訳されました。しかし、ギリシア語に翻訳された瞬間に、すでにあったギリシア哲学の「プネウマ」という概念と混同されるようになりました。言葉というものはそういうものですけど、一つの外国語の言葉を自国の言葉で翻訳した瞬間に、その訳語にもともと備わっていた意味が混ざってしまうものです。日本語でいいますと、「霊」という言葉で翻訳したのは明治時代ですが、この訳語を用いた瞬間に、この「霊」という言葉がそれまでもっていたさまざまなイメージが混ざってしまうわけですね。こうして幽霊とか守護霊とか、おどろおどろしい霊界の想像が入りこんでしまいました。

ですから、私たちはいつも聖書で言われている元の意味は何か、ということを考えなくてはいけないと思います。つまり聖書では、霊とは目に見えないけれども、世界内に働いている神さまの力、すべてのものにいのちを与える、あるいは、選ばれた人に特別の力を与える神さまの働きのことを言っています。

新約聖書の中にみる「聖霊」

百瀬　新約聖書の中でも、霊は神さまの目に見えない働きのことで、まずは主イエスが聖霊によって処女マリアに宿ったと言われますね（マタイ1・18、20、ルカ1・35）。また、イエスが洗礼者ヨハネから洗礼を受けたときには、神さまの霊がイエスの上に降ったと書かれています（マコ1・10）。また、聖霊に導かれて、イエスが神の国の福音を宣べ伝えに出かけていきます。聖霊はいつも父から送られてイエスを力づけます。この聖霊の力によって、イエスは人々の病を癒やし、悪霊を追い出します。聖霊に支えられて、イエスは最期の苦しみに耐えて自分のいのちを十字架上でささげました。そして、この聖霊の力によって、イエスは死者の中から復活させられます。これを語るのはパウロですけど、ローマの信徒への手紙で書いています。「もし、イエスを死者の中から復活させた方の霊が、あなたがたの内に宿っているなら、キリストを死者の中から復活させた方は、あなたがたの内に宿っているその霊によって、あなたがたの死ぬはずの体をも生かしてくださるでしょう」（ロマ8・11）。

ここでは、聖霊が「イエスを死者の中から復活させた方の霊」と言われています。また、聖霊は「イエス・キリストの霊」とも呼ばれます。それは、イエス・キリストの死と復活を通して、この霊が神からの贈り物として私たちに与えられたからです。ヨハネ福音書では、イエス自身が弟子たちとの別れの食事の席で語った言葉として、次のように言われます。「わたしは父にお願いしよう。父は別の弁護者を遣わして、永遠にあなたがたと一緒にいるようにしてくださる。この方は、真理の霊である。世は、この霊を見ようとも知ろうともしないので、受け入れることができない。しかし、あなたがたはこの霊を知っている。この霊があなたがたとともにおり、これからも、あなたがたの内にいるからである」（ヨハ14・16－17）。ここで「弁護者」とは、人々からの迫害や権力者による断罪にあっても弟子たちを弁護し、守ってくれる方、という意味です。聖霊がどのような迫害にも耐える力を与えてくれるという約束です。

この聖霊こそが、イエスの言葉を弟子たちに理解させせました。また聖霊は、世界に福音を宣べ伝えるために弟子たちを派遣しました。ヨハネ福音書は、復活の主が弟子たちに現れたときの様子を描いています。「『父がわたしをお遣わしになったように、わたしもあなたがたを遣わす。』そう言ってから、彼らに息を吹きかけて言われた。『聖霊を受けなさい。だれの罪でも、あなたがたが赦せば、その罪は赦される。だれの罪でも、あなたがたが赦さなければ、赦されないまま残る。』」（ヨハ20・21－23）。ここでも、息を吹きかけるという行為が、神さまの息吹のシンボルとして語られています。

この聖霊が弟子たちを強めて、世界中に福音を宣べ伝えさせ、キリスト者の共同体、教会というものが生まれました。聖霊は、いつも一人ひとりの信仰者に息吹いていて、主と私たちを結ぶだけでなく、また私たちを互いに結んで、一つの交わりを作ります。この交わりが教会にほかなりません。聖霊は時代を超えて絶えずイエス・キリストと私たちを結び、私たちに神の国のために働く力を授けると、私たちは信じています。

吉崎　うかがってみますと、主イエスがお生まれになったのも聖霊によるし、イエスの十字架までの歩みも聖霊による、復活も聖霊による、弟子たちの福音宣教の力も聖霊による、教会も聖霊によって生まれたと言えば、全部聖霊がしてくださったということですね。

その聖霊は、今も私たちの中に働いてくださるということですけれども、それはどのようにわかるのでしょうか。何か特別な、心に感じられるような経験があるのでしょうか?

百瀬　よい例は、使徒言行録に描かれる弟子たちの体験ではないでしょうか。

「五旬祭の日が来て、一同が一つになって集まっていると、突然、激しい風が吹いて来るような音が天から聞こえ、彼らが座っていた家中に響いた。そして、炎のような舌が分かれ分かれに現れ、一人一人の上にとどまった。すると、一同は聖霊に満たされ、〝霊〟が語らせるままに、ほかの国々の言葉で話しだした」(使2・1－4)。これは、著者のルカがドラマティックな形で描いているので、文字通りそうだったのかわかりませんが、聖霊が弟子たちに降り、弟子たちに福音を宣教する力を与えたできごとでした。

この聖霊降臨のできごとが教会を造りました。

要するに聖霊は、イエス・キリストの死と復活を通して与えられた神さまの最大の贈り物ですね。この贈り物をいただいたときには、私たちはイエス・キリストの教えたことを理解することができるし、イエス・キリストともっと深く結ばれ、そして、毎日の生活の中でイエス・キリストの死と復活に参与します。私たちの罪が赦され、神さまの新しいいのちに生き、毎日、神の子として成長することができます。これが、聖霊の働きです。

吉崎　そうすると、私もイエスさまを信じるようになって、今イエスさまに従う生活をしたいと切に願いつつ日々を営んでいるのは、やっぱり私のような者にも聖霊が働いてくださったからだ、と考えてよいのですね。この質問をしてくださった方も、やっぱり聖霊がそのように問わせてくださったのだ、と言うことができるのでしょうか。

そして、この方が最後に、「実は神とイエスとこの聖霊が一つだなど、わけがわからない」と、おっしゃいますよね。

三位一体とは?

百瀬　これは、いわゆる「三位一体」という教えのことでしょう。キリスト教の信仰の中心ですけど、実は三位一体という言葉は、聖書には出てきませんし、これが教義として形成されたのは四世紀になってからのことです。難しい神学の議論は置いて、要するにこういうことを言っているのです。

父である神さまが御子イエス・キリストを通して歴史の中に働き、イエスの死と復活を通して救いの業をなさったこと。その救いの業が、聖霊において今も私たちの一人ひとりの中になされていること。主イエス・キリストにおいて働かれた神、そして私たちの中に今も働いておられる神、これはただ一人の父である神さまの働きだ、ということです。

換言すれば、私たちが自分の中に働いている神さまの息吹、聖霊に息吹かれて、時間と場所の違いを超えて主イエス・キリストと結ばれること。そして、イエス・キリストとともに、父である神さまを賛美し、敬い、仕えること。逆に、父である神さまからの愛と恵みは、愛する一人子イエス・キリストに注がれると同じ仕方で、聖霊において私たち一人ひとりに注がれること。これが、三位一体という構造をもった信仰のあり方です。

　ですから、三位一体という言葉は難しいので、無理に使わなくても結構ですけど、実は非常に単純な一つのことを言っているのです。神さまがイエス・キリストを通して、歴史の中に一回限り、決定的な形で救いの業をなさったということ、そして今も私たちがイエス・キリストを通して神さまを知り、神のいのちにあずかることができるということです。聖霊は、そのイエス・キリストと私たちを結んでいる、私たちの中に働いていている神さまの働きですね。

吉崎　そこで、「求めなさい。そうすれば、与えられる……天の父は求める者に聖霊を与えてくださる」（ルカ11・9、13）という言葉を思いだしますけれども、やっぱり、聖霊を求めることはほんとうに大事なことなのですね。

百瀬　そうです。キリスト教の伝統の中には、聖霊を求める祈りが幾つもあります。ここでは、聖霊降臨祭のミサで歌われる「聖霊の続唱」と呼ばれる歌をラテン語からの訳で紹介しましょう。

聖霊よ、来てください。あなたの光の輝きで私たちを照らしてください。
貧しい人々の父、恵みの与えぬし、心の光よ、来てください。
あなたはまことの慰めぬし、私たちのやさしい友、
　心にやすらぎをもたらす方です。
あなたは私たちが疲れたときには憩いを、暑さにあえぐときには涼しさを、
　憂いに沈むときには慰めを与える方です。
まことの光よ、あなたを信じる者の心をくまなく照らしてください。
あなたの助けがなければ、人は孤独で、みじめなものです。
私たちの汚れたところを清め、すさんだところをうるおし、
　傷ついたところを癒やしてください。
私たちのかたくななところをやわらげ、冷えたところを温め、
　曲がったところを直してください。
あなたにより頼む私たちに、天の賜物を授けてください。
聖霊よ、私たちによい業を行わせ、救いの道を無事に歩ませ、
　永遠の喜びを与えてください。アーメン。

「聖霊よ、来てください」と、直接に聖霊にむかって祈ります。それは神さまがこの世界にご自分の息吹を送って、私たちの闇を照らしてくださるように、という祈りです。

聖霊は神さまからの最大の贈り物で、神さまご自身だと言ってよい。そして、神さまが私たちとともにいてくだされば、他のものはいらない。神さまとともにいることこそが、私たちが生きる上でいちばん大きなお恵みなのだ、ということですね。

25　世の終わりは近い？

質問　何だか最近、世の中が変ですよね。環境問題もそうだし、人間の社会もすごく殺伐としているというか、よくわからない事件が起こったり、変な宗教がはやったりして、「これから世の中はどうなってしまうのだろう」、「もう日本はだめか」と感じます。

百瀬　確かに、現代の世界を見ると、あちらこちらで毎日のように戦争とか災害が起こっていて、どうなってしまうのだろうと、不安にさせられますね。日本でも殺伐とした事件の報道などを耳にして、心が暗くなります。世界が破局に突き進んでいるのではないか、というような絶望的な気持ちになることさえあります。

そこで、まずキリスト教ではこの世の終わりをどのように見ているのか、ということから考えてみましょう。

イエスの時代の終末思想

百瀬　イエスが登場した時代、そして福音を信じた人々が教会を作り、キリスト教の教会が生まれて新約聖書の諸文書が書かれた時代には、人々は非常に緊迫した危機意識をもっていました。とくにユダヤ人たちはローマ帝国の支配下で、生活の上でも信仰の上でも弾圧されて、苦しい生活を強いられて、この世の中に生きている希望さえ失うところでした。そして、早くこの世が滅びてしまったらよい、というような悲観的な考え方がはやっていました。

しかし、ユダヤ人たちは信仰深い民族ですから、神さまが歴史を導いてくださることを疑いませんでした。今はこの世界が悪の力に支配されているとしても、最後には悪が打ち破られて神さまの支配が実現し、神さまが天地を新しくしてくださるだろうと信じていました。そのような信仰をもって、この歴史の終末にこそ自分たちの救い、解放、自由があるのだと考えるようになりました。これが当時のユダヤの終末思想でした。

およそ人類の歴史では、さまざまな危機の状況でいわゆる「末法思想」のようなものが流行するのですけれども、ユダヤ人は信仰をもった民でしたから、神さまが終末にご自分の支配を実現してくださるだろうという希望を捨てませんでした。

そういう思想は、当時のユダヤ世界でさかんに書かれた、いわゆる黙示文学と呼ばれるタイプの書物に共通していました。黙示文学は、神さまから特別に啓示を受けた著者が、世の終わりに起こるできごとについて書き記す、という形態を取っています。さまざまな幻とか、天体の異変とかを告げて、動物や数のシンボルなどをたくさん使って書くのがこの黙示文学の特徴でした。読者が今の苦しみを何とか我慢して耐えるように、信仰と希望を失わないように励ますのが目的でした。

そういう文学がはやっていた時代に新約聖書の諸文書も書かれたわけですから、とうぜん新約聖書の中にも黙示文学の表現や思想の影響は見られます。パウロの手紙にも、福音書の中にも、そういう個所はあちらこちらにあります。とくに新約聖書の最後に収録されているヨハネの黙示録という書物は、内容はキリスト教の信仰ですけれども、形態は黙示文学ですね。いろいろな謎めいたシンボルを使うものですから、その後のキリスト教のさまざまな異端とか新興宗教は、しばしばヨハネの黙示録をもとに、シンボルを勝手に解釈して、世の終わりはいつ来るとか、そのしるしがここにあるとか、人を驚かすようなことを公言するのが常でした。

私たちは、当時の危機意識とか終末意識を踏まえて語られた黙示文学のシンボルやイメージの正しい読み方を知って、そのメッセージを誤りなく理解しなければならないと思います。私たちにとって大切なことは、イエスは何を教えたのだろうか。イエスは世の終わりについて何を語ったのだろうか、これをきちんと知っておくことです。

イエスによる神の国の先取り

百瀬　イエスはまず、自分を通して神の国が実現しつつある、ということを告げました。「わたしが神の霊で悪霊を追い出しているのであれば、神の国はあなたたちのところに来ているのだ」（マタ12・28）という言葉が伝えられています。イエスが行った病の癒やしや悪霊の追放は、神の国が今ここに実現しつつある、ということのしるしでした。

ただし、神の国は、信仰をもってそれを受けとめる神の民なしには実現しません。

だからイエスは、イスラエルの民が信仰をもって自分の言葉を受けいれるように呼びかけました。残念なことにイスラエルの民はその呼びかけを拒否しただけでなく、イエスを死に追いやってしまいます。

しかし、私たちキリスト者はイエスの復活というできごとを通して、実は神の国はまさにイエスの死によって始められたのだ、と信じています。つまり、神さまがイエスの死に至るまでの忠実を喜ばれ、イエスを死者の中から復活させられたのだ、と信じています。そのことによって決定的に悪と死の力を打ち破って、神の国の基礎を固めてくださったのだ、と信じています。

キリスト教の信仰は、この世が悪の支配下にあるから早く終わってしまえばよいとか、全能の神が介入して早くこの歴史に終止符を打ってくれればよいとか願うのではありません。ただ単に世の終わりを待ち望むばかりで、何もしないでいる、というのでもありません。むしろ、復活した主イエス・キリストが私たちとともにあって、私たちを世に派遣し、悪の支配と戦うように、神の国の建設のために一緒に働くように望んでいらっしゃる、と信じるのです。

「イエスの復活」というできごとは、神さまによる新しい世界の創造を先取りするものでした。イエスの復活を通して、歴史の終末はすでにそこに始まっており、神さまの決定的な勝利がここに保証されています。

ただ、現在の世界は、まだ創造の完成を見ていません。いまだに悪の力がはびこっています。けれども、私たちは世界のまっただ中で、復活の主と一緒に、その救いの業を継続するように呼ばれています。

私たちの希望と協力

百瀬　そこから、二つのことが言えると思います。その一つは、イエス・キリストを信じる者は、この世のどのような絶望的な状況を前にしても決して失望してはならない、ということです。

私たちの善意が踏みにじられたり、時には悪の力が勝ち誇っているかのように見える、そういう状況の中にも、キリストの復活を信じる私たちは、神さまがやがて天地創造を完成させてくださる、ということを確信しています。そしてそれは、単なる空想や夢ではなく、神さまが必ず実現してくださるという保証を与えてくださっています。私たちの力ではなくて、全能の神さまがそれをなさいます。ですから、どのような時にも決して失望したり落胆してはならない、ということが一つです。

もう一つは、イエス・キリストの復活を信じるキリスト者は、ただ単に神の業にすべてを委ねて、自分は何もせずに手をこまねいている、というのであってはならないということです。まさに全能の神さまは、まったく無力な私たちをお呼びになって、私たち被造物の協力をお求めになっているからです。私たちの努力そのものは実に取るに足りないものでしょう。しかし、私たちがそれを信仰と愛をもって差しだすとき、そのわずかな営みは、神の国のいわば建設素材となることができます。神さまはそれを使って、み国を築きあげてくださいます。その意味で、私たちのわずかな、みすぼらしい営みであっても、それは永遠の価値をもつ、ということですね。

終末はいつ来る？

吉崎　そうすると、自分が何かを完成して、それを見て満足するというよりも、神さまが完成なさるために自分を用いてくださる、ということに喜びを見いだすのですね。私たちはよく「世も末だ」と言いますけれども、それは一般的には「もう駄目か」という失望とか、あきらめの言葉ですが、キリスト教の信仰で「終末」というのは、むしろ最後の完成のことなのですね。

百瀬　もちろん私たちは、この世界がこれからどのように発展していくかを知りません。また、その終末がいつ来るかということも知りません。ときどきキリスト教の異端や新興宗教が、世の終わりはこれこれの年に来る、というようなことを言ったりするのですけれども、それは信じてはいけません。先ほど申しましたヨハネの黙示録を勝手に解釈して、いろんな数字をあげて、これがこの日時のことを指しているのだとか、何月何日に世の終わりが来るのだとか、そういうことを言うのですが、むしろ私たちは世の終わりがいつ来るかを知らない、と言う方が正しいでしょうね。

ただ新約聖書が語っているのは、主イエスの死と復活を通して、決定的な一つの終末のできごとが始まっている、ということです。したがって、私たちが生きている時代は、いわば終末の時なのですね。今日の歴史の研究によれば、おそらくイエス自身も、自分の説教を聞いている聴衆がまだ生きているあいだに世の終わりが来る、と考えていたようです。そして、原始の教会の人たちも、そしてパウロも、自分が生きているあいだに世の終わりが来ると思っていました。

人間的に言えば、それは思い違いだった、と言えるでしょう。しかし、たとえばペトロの第二の手紙では、「主が来るという約束は、いったいどうなったのだ。父たちが死んでこのかた、世の中のことは、天地創造の初めから何一つ変わらないではないか」（3・4）などという当時の人々の疑問が記されています。これに対して、著者は、「主は約束の実現を遅らせておられるのではありません。そうではなく、一人も滅びないで皆が悔い改めるようにと、あなたがたのために忍耐しておられるのです」（3・9）と説明しています。世の終わりの到来に備えて、私たちがきちんと準備できるまで神さまが待っていてくださるのだ、と言っています。

大切なことは、世の終わりがすぐ来るからといって、パニックになるのではなくて、いつも主がいらっしゃる時を待ち望んで、それに向けて生きる、ということではないでしょうか。

ちょっと卑近な例を使えば、自分が借りている下宿をもうすぐ引っ越すとします。引っ越すことがわかっているから、机が壊れていてもよい、壁が汚れていてもよいと、何でもそのまま放置しておく人もいるかもしれません。しかし、キリスト教の考え方では、もし自分がすぐに引っ越すのであれば、次の人のために部屋をきれいにして、後の人がいつでも入れるようにしなくてはいけない、ということでしょう。

マルティン・ルターは、「もし、世の終わりが明日来るとしたら、私は今日りんごの木を植えよう」と言ったと伝えられています。明日が世の終わりなら、何をしても無駄と考えるのではなくて、だからこそ今を一生懸命に生きる、ということですね。

パウロは、さまざまな世界の惨めな現実を前にして、こういうことを言っています。「現在の苦しみは、将来わたしたちに現されるはずの栄光に比べると、取るに足りないとわたしは思います。被造物は、神の子たちの現れるのを切に待ち望んでいます」(ロマ8・18－19)。ここで、「神の子たちの現れる」とは、最後の時、私たちが神さまの栄光にあずかる、その時のことですけど、それを全被造物が待ち望んでいる、と言います。「被造物がすべて今日まで、ともにうめき、ともに産みの苦しみを味わっていることを、わたしたちは知っています」(同22)。つまり、さまざまな苦しみや悩み、環境汚染を始め、破滅的に見えるような世界の状況は、被造物がうめき苦しんでいる状況と言ってよいのではないでしょうか。しかしパウロは、それはいわば「産みの苦しみ」なのだと言います。そして、神さまが必ず完成に導いてくださるから、それを私たちは待ち望むのだ、ということを言っています。「被造物だけでなく、〝霊〟の初穂をいただいているわたしたちも、神の子とされること、つまり、体の贖われることを、心の中でうめきながら待ち望んでいます」（同23）。

あとがき

キリスト教への問いは、この書に収めたテーマをはるかに越えて、無数にあるに違いありません。ここではわずか二十五の質問を取りあげたにすぎず、それも著者が十分な答えを与えられたとはとうてい言えません。それでも、ちょうどエマオに向かう弟子たちに主イエスが寄り添い、ともに歩まれ、聖書を説き明かしてくださったように（ルカ24・13－35）、私たちがこれらの質問をご一緒に考えるときに、主イエスがともに私たちのあいだにおられ、導いてくださることを願っています。

末尾になりますが、質問を選び、内容をまとめてくださった放送局のスタッフの皆さま、とくに質問者の思いを推し量りながら私の回答を引き出してくださった吉崎恵子さんに、心から感謝いたします。生きること、教えのこと、私たちの信仰のありようのこと、さまざまな悩みや質問をいだいておられる方々に、キリスト教の答えとメッセージをお届けしたいとの吉崎さんの情熱がなければ、この本は生まれなかったでしょう。

また、自主的に放送の録音を原稿に起こしてくださった熱心な研究者の原田孝幸さん、校正と出版の作業を快く、献身的に引き受けてくださった女子パウロ会のスタッフの皆さまに、深く敬意と感謝の意を表します。

二〇二〇年五月

百瀬文晃

信じたことのない方を、どうして呼び求められよう。
聞いたことのない方を、どうして信じられよう。また
宣べ伝える人がなければ、どうして聞くことができよう。
遣わされないで、どうして宣べ伝えることができよう。
「良い知らせを伝える者の足は、なんと美しいことか」と
書いてあるとおりです。……
実に、信仰は聞くことにより、しかも
キリストの言葉を聞くことによって始まるのです。

——ロマ10・14−17

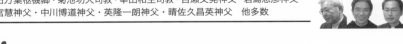

聖書の引用はすべて、日本聖書協会の『聖書 新共同訳』を
使用させていただきました。

著者紹介●百瀬文晃（ももせ ふみあき）

1940年　東京で生まれる。
1961年　イエズス会入会。
1970年　フランクフルトで司祭叙階。
1977年　フランクフルト・聖ゲオルグ神学大学で神学博士号を取得。
　　　　帰国後は、上智大学神学部で教える。
2001年　アテネオ・デ・マニラ大学
　　　　ロヨラ神学校（フィリピン）で客員教授。
2007年より広島教区で司牧に従事し、現在に至る。

著書に『キリスト教に問う65のQ&A』『キリスト教の輪郭』『キリストに出会う』『子どもたちと読む聖書』（女子パウロ会）、『イエス・キリストを学ぶ』『キリストを知るために』『キリストとその教会』（サンパウロ）、『キリスト教の原点—キリスト教概説１』『キリスト教の本質と展開—キリスト教概説—Ⅱ』（教友社）。訳書に『キリスト教とは何か』カール・ラーナー著（エンデルレ書店）。

聞き手●吉崎恵子（よしざき けいこ）

日本FEBCのメインパーソナリティ、相談役。1970年に入職以来、放送伝道に従事。現在は「恵子の郵便ポスト」を担当し、聖書、教えにとどまらず、生活するうえでのさまざまな悩みや質問に寄り添い、勧めや励ましや祈りを届けている。

ブックデザイン■森 木の実

ここが知りたい キリスト教への25の質問

著　　者　百瀬文晃
発 行 所／女子パウロ会
代 表 者／井出昭子
〒107-0052 東京都港区赤坂 8 丁目12-42
Tel.(03)3479-3943 Fax.(03)3479-3944
Webサイト https://www.pauline.or.jp/
印 刷 所／株式会社工友会印刷所
初版発行／2020年 9 月14日

ISBN978-4-7896-0821-3 C0016　NDC191